北京国际交往中心建设研究丛书　　　总主编　计金标

STUDIES ON BEIJING AS THE CENTER FOR INTERNATIONAL EXCHANGES

北京国际交往中心
话语建设研究

The Construction of
Discourses on Beijing as the Center for
International Exchanges

王　磊◎主编

社会科学文献出版社
SOCIAL SCIENCES ACADEMIC PRESS (CHINA)

　　本书为国家社科基金项目"美国总统危机话语研究"（编号：19BGJ025）、北京社科基金项目"以冬奥会为契机建构与传播北京共生性国际形象话语"（编号：18JDXCB012）阶段性成果

总　序

　　2017 年 9 月 29 日正式发布的《北京城市总体规划（2016 年—2035 年）》，明确提出"北京城市战略定位是全国政治中心、文化中心、国际交往中心、科技创新中心"，国际交往中心建设由此进入快车道。"建设什么样的国际交往中心，怎样建设国际交往中心"成为北京市迫切需要解决的一个重大课题。2019 年 9 月，北京推进国际交往中心功能建设领导小组第一次会议提出了总体要求，要"努力打造国际交往活跃、国际化服务完善、国际影响力凸显的国际交往中心"。2019 年 12 月印发的《北京推进国际交往中心功能建设行动计划（2019 年—2022 年）》进一步明确了北京国际交往中心"不断强化重大国事活动服务保障、国际高端要素集聚承载、北京开放发展动力支撑、城市对外交往示范引领"的四大功能，提出了"努力打造国际交往活跃、国际化服务完善、国际影响力凸显的国际交往中心"的总体建设思路，以及"六大战略目标"和 21 项重点建设任务。

　　北京国际交往中心建设是一项多维度的系统工程，既需要北京市委市政府的总体布局、统筹谋划、协调推进，也需要整合各方的力量，形成央地协同、市区配合、部门联动的"一盘棋"格局，还需要充分发挥高等院校和科研机构的高端智库功能，就北京国际交往中心建设如何展现中国魅力、凸显北京特色，如何突出服务中心服务大局的导向，如何统筹运用国内国际两个市场、两种资源、两类规则，如何积极融入传统与现代、东方与西方文化元素，如何构建面向世界、面向全国的全方位、多层次、立体化的国际交往新格局等一系列问题，凝聚各种科研力量，积极开展相关研究和谋划工作，为推进落实北京国际交往中心建设提供决策参考和智力支持。

北京第二外国语学院作为北京市属高校中唯一的外国语大学，在国际交往中心建设的进程中，肩负着天然的使命和责任。学校主动与北京"四个中心"建设对接，立足于服务北京的战略目标和国际交往中心研究的特色视角，努力打造一支优秀的服务首都功能定位的学术团队，形成"研究院—研究中心—研究所"三级科研平台机制，整合与组建了首都国际交往中心研究院、首都对外文化传播研究院、中国公共政策翻译研究院、中国文化和旅游产业研究院、中国"一带一路"战略研究院、中国服务贸易研究院等 17 个科研机构，拥有文旅部文化和旅游研究基地、北京旅游发展研究基地、北京对外文化传播研究基地、首都对外文化贸易研究基地等 7 个省部级科研基地、1 个省部级协同创新中心——首都对外文化贸易与文化交流协同创新中心，以及秘鲁文化研究中心、白俄罗斯研究中心、阿拉伯研究中心等 7 个教育部国别和区域备案研究中心，形成较为完备的科研平台格局。学校加强高端特色智库建设，以积极组织撰写研究简报、蓝皮书、咨政报告、高端论著等多种形式对接国家战略和首都发展需求，产出了丰硕的学术和咨政成果，在北京形象建设、旅游产业政策、旅游大数据、"一带一路"投资与安全、服务贸易、文化贸易、对外文化传播、国际文化交流等研究领域逐渐形成特色学术品牌。

为深入贯彻落实党的十九大精神，按照北京国际交往中心城市战略定位，学校把握时代脉搏，充分发挥自身优势，于 2018 年专门制定了《北京第二外国语学院服务"北京国际交往中心"建设行动计划》，以期在国家和北京外事工作的更高平台、更广领域中发挥作用，为北京国际交往中心建设贡献力量。自该行动计划实施以来，学校积极整合各学院和科研院所的研究力量，围绕北京国际交往中心建设问题，陆续开展了北京城市品牌形象传播、北京友城研究、北京国际形象调查、北京市国际交往中心语言环境建设等专题研究，向北京市委市政府以及相关委办局提交了多份咨政报告，得到了北京市委市政府及相关委办局的高度重视。2019 年 7 月，学校承担了北京市人民政府相关委办局委托的关于国际交往中心建设的研究任务。在各院系的通力合作下，历时半年多，学校高质量地完成了各项研究任务。本套丛书就是学校对北京国际交往中心建设这一重大课题前期研究的一个阶段性成果总结。

北京国际交往中心建设既是一项新事业，也是一个新课题，国内外相关研究成果相对较少。相信这套由我校中青年教师撰写的丛书，能够丰富北京国际交往中心的相关研究成果，充实北京国际交往中心的新内涵，为北京国际交往中心建设提供更多的国际经验。如果这些研究成果能够引起更多学者关注和思考国际交往中心建设，能为北京市有关部门推进国际交往中心建设提供一些决策参考，我们将感到无比欣慰。

是为序。

计金标

2020 年 1 月

目 录

前　言

北京国际交往中心建设是一个系统工程，核心是"建设一个什么样的首都，怎样建设首都"。北京国际交往中心建设除了要做好北京的城市规划等空间层面的改革，还涉及如何加强基础设施建设，如何完善城市服务等多方面内容。在这些方面，很多学者、政策制定者进行了卓有成效的讨论。在北京国际交往中心建设中还有一个重要层面就是北京城市形象的传播，如何在世界上确立北京开放、包容、先进、独特的国际形象，是北京国际交往中心建设中城市形象传播的重点。在这一方面，很多传媒研究的学者和北京市委宣传部、北京市外事办公室等也进行了大量的论证和研究，取得了丰硕的成果。

在当今的国际形势下，话语环境对于塑造城市形象起着重要作用。北京国际交往中心建设也需要营造良好的话语环境，加强北京国际交往中心话语建设和话语传播。本书结合中国对外话语体系建设，探讨北京国际交往中心话语建设的策略及理念。本书以在北京举办的重大活动为分析重点，以北京媒体的报道、北京市相关部门的公开信息为分析语料，体现了国际视野，回应了北京关切。本书选取的语料来自《北京日报》等媒体，选取了关于北京世界园艺博览会、北京国际电影节、2020 世界休闲大会、冬奥会、国际城市媒体北京论坛等在北京举办的活动的相关话语，对北京市相关部门话语传播的成功经验进行总结和分析。

本书是北京第二外国语学院服务北京国际交往中心建设的系列成果之一，是北京对外文化传播研究基地——首都对外文化传播研究院北京形象与传播研究中心的系列研究成果之一。在京津冀协同发展的大背景下，本研究还呈现了北京和天津两地学界的合作成果。因为关于北京国际交往中心话语建设的研究还处在探索阶段，本书难免有不足之处，希望在后续的研究中得到相关专家的批评、指正。

2019年底爆发的新冠肺炎疫情使全球化话语经受了前所未有的挑战。危中有机，转危为机需要继续加强对外话语体系建设，北京国际交往中心话语建设更要服务于提升北京城市形象，传播构建人类命运共同体的理念，为危机中的世界贡献中国智慧。希望本书的相关研究能为北京国际交往中心建设贡献绵薄之力。

王　磊

2020 年 5 月 7 日

从世界休闲大会新闻报道
看北京城市形象话语建构

王 磊 王文娟*

一 引言

　　国际交往中心是《北京城市总体规划（2016 年—2035 年）》提出的北京城市战略定位之一，是习近平总书记视察北京并发表重要讲话时提出的首都核心功能。早在 20 世纪 80 年代初，国家就提出北京要建设国际交往中心。2014 年，习近平总书记在视察北京时指出，北京要坚持和强化首都"四个中心"（全国政治中心、文化中心、国际交往中心、科技创新中心）的核心功能建设，为首都城市发展指明了方向。

　　在国际交往中心建设新理念的指导下，北京积极开展国际交往与合作，不断改善城市环境，吸引国际活动的聚集，使城市各方面水平整体提升。在此背景下，2015 年，经国务院批准，北京向世界休闲组织（World Leisure Org.）提交了申办报告。2015 年 9 月，世界休闲组织在青岛宣布，中国北京获得 2020 年世界休闲大会的举办权。

　　在当前的历史条件和北京国际交往中心建设的新理念下，北京城市

---

* 王磊，北京第二外国语学院教授，研究方向为话语分析；王文娟，天津商业大学 2018 级硕士研究生，研究方向为话语分析。

形象的建构与传播值得关注和深入思考。因此，本文选取了《北京日报》与"2020北京·平谷世界休闲大会"（简称"2020休闲大会"）相关度较高的4篇新闻报道，运用Ruth Wodak提出的语篇历史研究方法，通过分析相关新闻报道中互文关系、互语关系和话语策略，来理解北京国际交往中心建设的新理念，以对北京国际交往中心的形象建构和新闻报道传播有所启示。

二　关于2020休闲大会报道的话语历史分析

语篇历史研究方法（Discourse-historical Approach）是Wodak和她领导的研究小组进行语篇研究的一种方法。语篇历史研究方法具有鲜明的实践性、对历史背景的敏感性、文本分析的重要性以及研究方法的跨学科性等特征。[①] Wodak重视研究各个行为领域中不同话语和文本之间的关系，以及这些不同行为领域相关联的体裁的各种目的，同时特别关注话语主体使用的话语策略。[②]

（一）历史背景分析

1. 世界休闲大会的概念及北京申办过程

世界休闲组织成立于1952年，是一个具有联合国咨询地位的非官方机构，成立至今已有50余年历史。从1988年开始每隔两年分别在全球各地举办世界休闲大会，近年分别在马来西亚吉隆坡、澳大利亚布里斯班、中国杭州、加拿大魁北克市、韩国春川市、意大利里米尼、美国莫比尔等城市举行。世界休闲大会为申办城市提供了一个向本国和国际社会展现社会、文化、经济发展的平台。按照世界休闲组织倡导的理念，世界休闲大会不是一个单纯的会务活动，而是在申办和筹备过程中，充分调动各种社会资源，号召全民广泛参与，通过举办一系列文化、节庆、教育活动，进一步丰富演艺、体育、节庆、体验、购物等旅游产品，逐步树立主办城市休闲旅游新形象的世界休闲领域最具影响力

[①]　田海龙：《语篇研究：范畴、视角、方法》，上海外语教育出版社，2009，第152~155页。
[②]　田海龙：《批评话语分析：阐释、思考、应用》，南开大学出版社，2014，第218页。

的学术盛会。①

2015 年 1 月，国务院批准北京申办世界休闲大会。5 月，北京向世界休闲组织提交了申办报告。2015 年 9 月 11 日，世界休闲组织在青岛宣布，中国北京获得 2020 年世界休闲大会的举办权。2018 年 8 月 31 日，在巴西圣保罗举办的第十五届世界休闲大会闭幕式上，2020 北京·平谷世界休闲大会执行委员会向世界传递"中国邀约"。北京平谷距离北京市区 70 公里，距离天津市区 110 公里，作为连接京津冀各大城市的中心节点，平谷将集中京津冀的休闲客源，利用其独特的区位优势联通休闲市场。

2. 北京国际交往中心建设

2010 年 8 月 23 日，时任中共中央政治局常委、国家副主席习近平在视察北京的时候，提出北京国际化的新思路。他提出北京的"五个之都"建设的目标，包括国际活动聚集之都、世界高端企业总部聚集之都、世界高端人才聚集之都、中国特色的社会主义先进文化之都、和谐宜居之都。这些目标与过去的打造"世界级经济中心城市"等目标明显不同。2014 年，习近平总书记视察北京时指出，北京要坚持和强化首都全国政治中心、文化中心、国际交往中心、科技创新重心的核心功能，这为首都城市发展指明了方向。

2017 年，北京城市规划正式确定了"四个中心"的城市战略定位。这次北京的国际交往中心建设，区别于过去 20 多年城市维度的国家化路径，也超越了新中国成立以来首都维度的国际化路径，属于第三维度国际化。与前两种维度相比，其最大的特点在于国际化的动力除了城市发展和国家外交，还增加了国际性的因素，国际主体在其中起到不可或缺的关键作用。未来的北京国际交往中心建设，是"都"与"城"、国际交往中心建设并举的三维建设。② 在此背景下，作为国际交往中心的北京不断提升服务和保障国家外事工作的能力和水平，保障在京举办的

① 耿欣彤：《"首都桃花源"迈向"世界休闲之都"》，《中外企业化》2015 年第 12 期。
② 周鑫宇：《国际交往中心建设的新内涵》，《前线》2018 年第 9 期。

重要外事活动的顺利开展，提升首都的国际城市形象和国际影响力；国际高端要素加速聚集，越来越多的外国机构、国际组织落户北京；越来越多的城市与北京结为国际友好城市；各类国际会议和国际活动在京举办。同时，北京全面提升服务国际交往的软硬件水平，加强城市基础设施建设，优化国际化服务环境。①

因此，北京申请并承办世界休闲大会，希望以举办世界休闲大会为契机，建立具有特色的休闲产业链，辐射带动京津冀休闲产业发展，提升整体休闲旅游品质。北京申请举办 2020 年世界休闲大会，也是积极响应国家建设北京国际交往中心的要求，落实《京津冀协同发展纲要》和《国民旅游休闲纲要（2013—2020 年）》的重要举措，有利于发挥核心区位优势，完善区域休闲产业链，将平谷打造成京津冀休闲胜地。可以说，此次大会既为北京提供了一个向世界展示城市魅力的平台，也为加强北京国际交往中心建设提供了契机。从北京国际交往中心话语建设的角度，世界休闲大会也为丰富北京国际交往中心话语提供了契机。

（二）从新闻报道的互语分析和互文分析看结构关系和话语秩序

Ruth Wodak 的语篇历史研究方法认为，语篇是语言在机构语境和社团语境运用中体现权力关系和再现意识形态的一种社会实践形式，是彼此相连的同时或先后发生的语言活动，是开放的、相互作用的。同时，参与社会实践的不同"文本"之间也相互作用，揭示社会活动间的关系。因此，通过对语篇间的"互语"和文本间的"互文"进行分析，可以揭示体现在语篇中的各种结构关系和话语秩序。②

1. 互语分析

互语是指特定语篇中不同体裁、话语或风格的混合和交融。两个有着参与社会实践的共同特征的语篇，它们的共同主题构成了两个语篇联系的基础。

在关于 2020 年世界休闲大会的报道中，北京国际交往中心城市形

---

① 刘波：《北京国际交往中心建设的现状及对策》，《前线》2017 年第 9 期。
② 田海龙：《语篇研究：范畴、视角、方法》，上海外语教育出版社，2009，第 157 页。

象建构语篇的语言活动发生在多个活动领域：世界休闲大会和世界休闲组织介绍领域、2020年北京·平谷世界休闲大会宣传领域、2020年休闲大会筹备动态介绍领域、北京国际交往中心城市形象宣传领域等。与此同时，北京国际交往中心城市形象建构语篇体现在多种语体中，以多种形式出现。

在关于2020年世界休闲大会的报道中，《北京日报》2019年7月1日第3版"要闻·时政"题为《北京·平谷世界休闲大会主会场封顶》的文章中出现了对世界休闲大会的介绍："世界休闲大会是由世界休闲组织创办的世界休闲领域最具影响力的学术盛会，每两年举办一届。2020年第十六届世界休闲大会将由北京市政府主办，市文化和旅游局与平谷区政府共同承办。平谷区以举办一届成功的世界休闲大会、打造一个'生态休闲之都'知名品牌、形成一个休闲旅游支柱产业为目标，稳步推进各项筹备工作，并取得了阶段性成果。"在《北京日报》2015年9月12日第1版题为《二〇二〇年世界休闲大会花落平谷》的文章中有："世界休闲组织（WLO）已有50余年历史，目前是一个全球性的非政府组织，该组织致力于发现和培育各种有利条件，以休闲、娱乐、艺术、旅游、文化、运动、节庆活动为媒介，来提升社会和个人生活品质。世界休闲大会两年举办一次，通过盛会来完善大家的科学知识并体验其内涵，中国杭州曾举办过一次。"这些关于世界休闲大会和世界休闲组织的介绍，隐含着北京举办2020年世界休闲大会对北京国际化城市形象的提升、发展旅游休闲产业具有重要意义。

关于2020年世界休闲大会的报道中，世界休闲大会筹办状况介绍话语有："金海湖国际会展中心作为2020世界休闲大会主会场，是2020年世界休闲大会的核心建设工程。据悉，世界休闲大会主场馆设计方案为'石林雅筑'，总建筑面积约6.5万平方米，其中，地上3.7万平方米，地下2.8万平方米。建设完成后，场馆近期将服务2020年世界休闲大会及世界休闲产业博览会，中远期将服务北京市重要会议会展、文化交流活动以及金海湖特色休闲旅游度假小镇建设"；"以会展中心为核心的金海湖小镇将形成金海湖休闲度假产业集群。会展中心北侧正在建设港中旅顶级品牌维景国际大酒店。未来，金海湖小镇将以会展为龙头，形成酒店、餐饮、户外运动和休闲娱乐等现代服务业集群，引领休闲产业发展，成为北京平谷'休闲新名片'"。① 这些关于 2020 休闲大会筹办工作的话语，表明北京平谷筹办此次大会，有利于提高其国际会议服务能力和基础设施规划能力，对未来形成现代服务业集群，引领休闲产业发展，打造北京平谷休闲旅游城市形象具有重要意义。

在关于 2020 休闲大会的报道中，不论是"世界休闲组织和世界休闲大会介绍话语"还是"世界休闲大会筹办状况介绍话语"，都与"北京国际交往中心"话语一样有着参与社会实践的共同特征，它们都在表明一个主题：通过 2020 休闲大会，将北京打造为"生态休闲之都"。不同话语间的互语，不仅印证了 2020 休闲大会的办会理念与世界休闲组织的理念高度契合，而且反映了北京国际交往中心建设的新理念。

2. 互文分析

文本是语篇参与社会实践留下的痕迹。Ruth Wodak 的语篇历史研究方法认为，这些文本之间的关系同样反映出语篇参与社会实践所固有的网络关系。互文简单来说就是指人们说话时总是引用前人的语句，或者重复已经存在的词语的意义。② 互文分析和互语分析同样重要，它们揭示了文本在特定情景下选择性地使用话语秩序进行身份和形象建构的方式。

在关于 2020 休闲大会的报道中，有许多互文的体现，具体内容如下。

《北京日报》2015 年 9 月 12 日第 1 版题为《二〇二〇年世界休闲大会花落平谷》的文章中说道："北京并不只是单纯举办一个大会，而是要借助筹办大会的过程发展休闲产业，提升旅游品质。"

《北京日报》2020 年 3 月 14 日第 5 版"北京新闻"专题中题为《世界休闲大会两大"水"项目获批 平谷将添滨水生态廊道》的文章

---

① 《北京·平谷世界休闲大会主会场封顶》，《北京日报》2019 年 7 月 1 日，第 3 版。
② 田海龙：《语篇研究：范畴、视角、方法》，上海外语教育出版社，2009，第 157 页。

中说："改造后的北干渠，不仅是世界休闲大会主会场及户外展示区水系景观的重要一环，还将成为平谷区重要的生态修复示范区、林水相融景观园、经济活力促进带。"

在关于2020休闲大会的报道中，无论是大会理念介绍话语中"发展休闲产业，提升旅游品质"，大会筹备工作介绍话语中的"形成现代服务业集群，引领休闲产业发展"，还是"改造后的北干渠产成为重要的生态修复示范区、林水相融景观园、经济活力促进带"，这些文本都通过一些重叠的主题形成互文，从而向公众表明：北京举办2020世界休闲大会的目标是借助此次大会发展休闲产业，改善生态环境，形成现代服务业产业集群，从而打造北京"生态休闲之都"品牌形象。

（三）话语策略分析

1. 所指策略

所指策略是指通过把一个人划归为属于自己一方或属于对方来建构和再现社会活动。[①] 以下举例说明《北京日报》关于2020年世界休闲大会的新闻报道中所指策略的运用。

《北京日报》2015年9月12日第1版题为《二〇二〇年世界休闲大会花落平谷》的文章指出，北京拟提倡"全域、全季、全民休闲"的休闲发展理念，推进休闲的时间、空间、主体全覆盖。此处，"全域、全季、全民休闲"的休闲发展理念似乎隐含着"非全域、非全季、非全民休闲"的休闲发展理念。

在本篇报道中，谈到准备申办材料过程时，文章引用了北京市旅游发展委员会工作人员的话："一方面，我们直接和世界休闲组织联系，听取理事们的意见建议；另一方面，北京并不只是单纯举办一个大会，而是要借助筹办大会的过程发展休闲产业，提升旅游品质。"在这句话中，"不只"一词预示着北京在国际交往中心建设新要求下新的发展思路：通过举办国际会议，北京不仅可以打造城市品牌，促进国际交往中

---

① 田海龙：《语篇研究：范畴、视角、方法》，上海外语教育出版社，2009，第158页。

心建设，而且可以促进城市建设朝着更优质、更协同的方向发展。①

2. 谓语指示策略

谓语指示策略是指在谓语成分（包括形容词）中使用有肯定意义或否定意义的修饰语，其目的是对社会活动者赋予正面的褒义或负面的贬义。②

例如，《北京日报》2015 年 9 月 12 日第 1 版题为《二〇二〇年世界休闲大会花落平谷》的文章指出："回顾整个申办过程，可以说，北京'有备而来，载誉而归'。今年 1 月，国务院批准北京申办世界休闲大会。5 月，北京向世界休闲组织提交了《申办报告》。随后，申办团队精心准备陈述材料并进行了多次演练。在最后的陈述和问答环节，来自北京的政府、企业和学术界的代表，陈述了北京举办世界休闲大会的优势，以及普及休闲理念的意义。最终，北京平谷凭借其独特的优势脱颖而出，获得评委的青睐，赢得举办权。"

"有备而来，载誉而归""精心准备"都通过在谓语中使用含有肯定意义的修饰语"有备""精心"来说明北京对申办 2020 年世界休闲大会十分重视，并为此付出很多的努力。这从侧面揭示了北京申办此次世界休闲大会并非偶然，而是北京市为打造"休闲生态之都"城市形象的计划之举，是北京国际交往中心规划的重要战略举措。"北京平谷凭借其独特的优势脱颖而出"中"脱颖而出"更是体现了北京平谷具有独特的区位优势，以及"幸福平谷"的发展战略与世界休闲组织的办会理念高度一致。

3. 论辩策略及论辩题目

论辩策略的目的是辩解和质疑主张的真实性以及标准的正确性，所采取的方法有正论和谬论。语篇历史研究方法运用的论辩策略所涉及的论辩题目包括：有用/有利，无用/无利，定义，危险或威胁，羞辱，公正，责任，累赘，财务，事实，数字，法律和权利，历史，文化，滥用

---

① 周鑫宇：《国际交往中心建设的新内涵》，《前线》2018 年第 9 期。
② 田海龙：《语篇研究：范畴、视角、方法》，上海外语教育出版社，2009，第 158 页。

等。对这些论辩题目做出肯定或否定的判断，可以达到证实正面和负面描述的论辩目的。通过运用论辩策略，正面和负面的描述被证实。① 在文章中，主要对关于2020休闲大会新闻报道中的有用辩题进行分析和解读。

有用/有利辩题可以解释为：如果某行为在特定的情况下会是有用或者说有利的，那么该行为就应该被执行。②《北京日报》2020年3月14日第5版"北京新闻"中题为《世界休闲大会两大"水"项目获批　平谷将添滨水生态廊道》的文章，多次运用有用辩题。在谈到北京市发改委近日批复的平谷区世界休闲大会供水和水环境治理项目时，文章说："记者了解到，这两个项目建成后，供水规模将达每天4500立方米，可满足主会场及金海湖镇中心区供水需求，增水增绿工程将把北干渠打造成集引水调蓄、滨水休闲、服务等功能为一体的滨水生态廊道。"该报道通过简述两大"水"项目建成后将实现的多种功能优势，表明两大"水"项目是"有用的"，因此应该被执行，从侧面表明北京市发改委的决策是响应北京国际交往中心建设中生态环境宜居的要求。此外，文章还说，"改造后的北干渠，不仅是世界休闲大会主会场及户外展示区水系景观的重要一环，还将成为平谷区重要的生态修复示范区、林水相融景观园、经济活力促进带"。这里北京市发改委对改造后的北干渠的设想描述，符合城市可持续发展和北京的发展目标——建设国际一流的和谐宜居之都，从而表明了水环境治理项目的有用性。

4. 视角化策略

视角化策略的目的是定位讲话者或者作者的观点以及表达参与或距离，所采取的方法有指示成分；直接引语、间接引语或者自由间接引语；引号，语篇标记、小品词；隐喻。③ 运用视角化策略，讲话者可以表达他们对语篇涉及内容的看法。④ 在关于2020年世界休闲大会的新闻

① 田海龙：《语篇研究：范畴、视角、方法》，上海外语教育出版社，2009，第158页。
② 田海龙、赵芃：《批评性语篇分析：经典阅读》，南开大学出版社，2012，第238页。
③ 符小丽：《话语—历史分析方法及其在中国的发展》，《宿州学院学报》2016年第3期。
④ 田海龙：《语篇研究：范畴、视角、方法》，上海外语教育出版社，2009，第158~159页。

报道中，视角化策略得到了广泛运用。

以《北京日报》2015年9月12日第1版题为《二〇二〇年世界休闲大会花落平谷》文章中的几处语句为例。

例1：什么叫作"全域、全季、全民休闲"？北京市旅游委的相关人员解释，所谓全域休闲，强调的是空间上的全覆盖，通过全域打造，改善休闲环境，拓展休闲空间。全季休闲，则是时间维度上的全覆盖。"我们国家地域广阔，南北环境差别较大，通过打造全季休闲，丰富休闲活动。比如夏天可以到庐山避暑，冬天可以去海南度假。"而全民休闲，强调所在区域全体民众既是休闲的主体，也是休闲的客体，全民参与、全民共享。"我们国家，地区之间、居民之间消费能力存在较大差异，通过提倡全民休闲理念，让更多的人有机会有能力参与休闲活动，真正体现出世界休闲组织所有人都能享有休闲权利的宗旨。"

例2："一方面，我们直接和世界休闲组织联系，听取理事们的意见建议；另一方面，北京并不只是单纯举办一个大会，而是要借助筹办大会的过程发展休闲产业，提升旅游品质。"市旅游委相关负责人表示。

例1中通过间接引用北京市旅游委相关人员的论述，对2020休闲大会的主题"全域、全季、全民休闲"做出解释。例2中，通过引用申办单位——北京市旅游委相关人员的话，阐述了北京市旅游发展委员会和平谷区人民政府针对即将举办的2020休闲大会所做的工作。北京市旅游发展委员会作为2020年世界休闲大会的承办方之一，负责该大会的申办和筹办工作。因此，作为该官方机构的知情人士对该大会所提倡的休闲发展理念和筹办准备工作的具体情况更有话语权。《北京日报》引用北京市旅游委相关人员的话，使得该报道更加具有权威性和真实性。

《北京日报》2019年10月16日第2版"要闻·时政"专栏题为

《第三届北京休闲大会本月举办》的文章中说："第三届中国（北京）休闲大会将于 10 月 25 日至 26 日在平谷区举办，并将全面预演 2020 年世界休闲大会的模式和策划。昨天，市政府新闻办举行新闻发布会，宣布了这一消息。"

《北京日报》2019 年 7 月 1 日第 3 版"要闻·时政"专栏题为《北京·平谷世界休闲大会主会场封顶》的文章，谈到大会主会场仅历时一年就实现了主体结构封顶时，引用了会场建设总工程师的话，"会展中心整体建设以科技办会为宗旨，在钢结构、金属屋幕墙等方面采用了大量新技术和新工艺，也采用了先进的管理手段，全程应用建筑信息模型技术进行安全管理、质量管理和进度管控等。该项目先后通过了'北京市结构长城杯金质奖'两次验收、'中国钢结构金奖'的资格评审，同时还获得了'北京市绿色安全样板工地'奖项"。

《北京日报》2019 年 10 月 26 日第 6 版"北京新闻"专栏中题为《和谐融入平谷上宅文化和大桃元素 平谷世界休闲大会吉祥物"桃桃"萌趣亮相》的文章，在谈到吉祥物的设计理念时，具体描述如下：

例 3：吉祥物"桃桃"的设计灵感，源自平谷上宅文化陈列馆里一尊长仅 3.1 厘米的黑色石猴雕刻。"这是陈列馆的镇馆之宝。"北京工业大学艺术设计学院工业设计系主任刘洋介绍，距今约 7500 年至 6000 年历史的上宅遗址文化，是北京新石器文化的代表，主要分布于泃河流域，包括北埝头、上宅遗址两处。"吉祥物的造型，既要体现北京、平谷的地域文化特色，也要能表现世界休闲大会轻松愉快、充满活力的一面。"去年 9 月，刘洋及其团队参与吉祥物征集活动，对平谷上宅遗址文化、金海湖、丫髻山等地进行了两个多月的调研。刘洋介绍："大桃是平谷地域文化的代表，在中国传统文化中含有吉祥寓意。'猴'与福禄寿禧中的'禄'相关，寓意也很好。平谷有桃又有上宅石猴，两者结合，浑然天成，和谐吉祥。"

例 4：经过一年的调研、策划、设计，刘洋及其团队手绘了百余张造型，最终画出一只灵动、可爱的"桃桃"。"吉祥物的设计，最终要用起来才能深入人心。除了开发它的衍生文创产品，我希望世界休闲大会把它用活，更多地用'桃桃'来说话。"刘洋说。

例3和例4一方面向公众表达了"桃桃"被确定为2020休闲大会吉祥物的原因，即桃桃的造型既体现了北京、平谷的地域文化特色，也表现了世界休闲大会轻松愉快、充满活力的一面；另一方面表明了大家的期待，即希望世界休闲大会不仅能将吉祥物"桃桃"开发成衍生文创产品，而且能通过"桃桃"讲好中国故事，传播北京形象。

三 结语

（一）新闻报道中的北京城市形象话语

北京申办2020年世界休闲大会是积极落实《北京城市总体规划（2016年—2035年）》、《京津冀协同发展纲要》和《国民旅游休闲纲要（2013—2020年）》的重要举措，体现了北京国际交往中心建设的新理念。2020休闲大会报道中的互文关系、互语关系、话语策略等方法，展现了北京平谷利用其独特的核心区位优势打造"生态休闲之都"的城市形象，也展示了北京作为国际交往中心"开放合作、具有科学城市规划和国际影响力"的国际城市形象话语。

（二）对北京城市形象建设与传播的建议

报道应适当增加国际交往中心理念话语的传播。对相关报道进行互文分析和互语分析，发现世界休闲大会的理念与北京国际交往中心建设新理念相一致，北京举办此次大会对于北京国际交往中心建设具有重要意义。因此，在关于北京城市形象建构的媒体报道中应该增加北京国际交往中心建设相关理念的传播，使北京国际交往中心建设的理念传播与2020年世界休闲大会的办会理念在互语中相得益彰。

报道应该增强互动性，多视角化。通过视角化策略分析发现在关于2020年世界休闲大会新闻报道中，大多引用的是官方机构和筹办单位的话，而没有大众的声音。因此，在相关新闻报道中如果能增加对大众的采访，聆听大众对大会的理解或者对大会筹办工作的看法、建议等，报道会更为亲切、真实。类似地，在北京国际交往中心新理念下，在北京城市形象建构不只是官方的话语建构，应该增加群众话语，增添群众的声音，让北京城市形象的建构更加真实和"接地气"。

当下，随着北京国际交往中心建设的深入开展，北京将筹办更多国际会议和活动。以国际会议和活动为平台，不仅提高了北京对外服务能力和国际化水平，更向世界展示了北京国际交往中心的城市形象。作为城市形象传播的重要媒介，新闻报道运用恰当的话语策略，能够帮助北京更好地传播城市形象。

从国际电影节报道看北京城市
影响力话语策略

王　磊　王秦芹*

一　北京国际电影节：讲好北京故事的场域

电影不仅是一种表演艺术、视觉艺术和听觉艺术，还承载着精神、文化、价值观念等元素。电影节既推动电影艺术创作，又可成为展现城市形象与传播城市文化的重要窗口。据不完全资料统计，"目前世界上的电影节总数有千余个，且电影节的数量仍然呈现不断增长的趋势，在目前众多的电影节种类中，获国际电影制片人协会认可的国际 A 类电影节仅有 15 个"。[①] 北京国际电影节接近 A 类电影节，具有一定的社会反响，是中国电影与世界电影交流、中国文化与世界文化碰撞的重要桥梁，也是吸引世界资源、讲好北京故事的场域。

（一）北京国际电影节的社会影响力

影响力是评价电影节的重要指标，国际上任何一个电影节都在不断探索通过各种途径提升电影节的影响力，以实现电影节的文化价值、艺术价值和产业价值。从传播效果来讲，影响力则更倾向于产生作用的力量或能力，这种作用能够使他人的思想或行为发生改变。当传者向受者传递信息时，受者能够产生认同并接受，那么传播就具有了影响力。社

---

* 王磊，北京第二外国语学院教授，研究方向为话语分析；王秦芹，天津商业大学 2018 级硕士研究生，研究方向为话语分析。
① 刘汉文、陆佳佳：《电影节：意义、现状与创新对策》，《当代电影》2016 年第 5 期。

会影响力的大小受到事件本身的吸引力和受众范围及接受意愿的影响。电影节所面向的受众是广泛的，对受众的文化认知、艺术水平，甚至行为层面能够产生潜移默化的影响，对社会大众的影响更为显著。作为节展活动，北京国际电影节同样提升了社会大众对城市的认知，以电影节人气带动城市关注度，展现城市形象，也是体现北京国际电影节社会影响力的重要方面。①

1. 电影

社会影响力通常指涉一种左右人们的态度、意见或行为的力量。②电影的画面具有直观性，因此，电影作为一种表意符号具有世界通用性，生动、直观的电影画面造就了电影传播的直接和高效。尤其在传播过程中最重要的编码和解码环节，电影通过直抵观众听觉与视觉器官的音画手段，作用于观众的感知系统，进而感染其心灵，引起共鸣。因此，从某种程度上说，电影具有一定的社会影响力。电影具有传递信息、表达情感、传播文化的作用。③

无论哪一个电影节，电影都是主体部分。一方面，电影是具有艺术性的艺术创作；另一方面，电影是负载价值观的艺术作品。电影作品总能在一定程度上传达一个国家或地区人们的价值观念、生活方式、信仰、风俗习惯等。电影节既是展示城市形象、民族文化和社会价值观的重要载体，又是艺术创作者个性和观点表达的主要平台。观众是电影接收信息、加工信息和分享信息最主要的受众群体。奥斯卡金像奖的每部入选影片都会架构一幅意识形态的图景，形成社会的舆论导向，进而使每个受众认同影片所要表达的意识形态，并以此作为现实实践的价值标准。④

① 杨琳、许秦：《影响力与多元价值实现：丝绸之路国际电影节影响力研究》，《同济大学学报》（社会科学版）2020 年第 1 期。
② 石义彬、单波：《西方新闻与大众传播理论表述活动的历史与逻辑》，《新闻与传播研究》2000 年第 6 期。
③ 张雅欣、毛凌野：《国际电影节的跨文化价值构建》，《世界电影》2015 年第 5 期。
④ 宋明翰：《自由贸易港的海南岛国际电影节传播》，《电影文学》2019 年第 15 期。

2. 话语

电影节涵盖的人际传播、群体传播、组织传播或是大众传播，都离不开话语媒介。在电影节期间，个体会围绕电影进行话语传播活动，包括交流与分享关于电影和电影节的信息，在微博、微信等社交媒体上即时分享关于电影的资讯。同时，在电影节期间为特定主题召开的学术研讨会、举行的展览，以及其他促进电影人之间交流的活动中也有话语的参与。话语并不是绝对中立的，话语不仅是构成社会的重要因素，还与社会其他元素相互制约，其形成过程也取决于一定的社会语境以及说话者的交际意图。

（二）北京国际电影节与文化话语

1. 多元文化话语

电影节与文化密不可分。文化本身构成个人的交流框架和语言体系，文化的影响力能够通过共享实现。电影节通过文化共享形成具有共鸣的影响力。电影节是文化传播的重要载体，在全球文化格局重构与共享过程中发挥着重要作用。电影节的文化影响力体现在电影文化及民族文化两个方面。一方面，电影节描绘了电影本身的文化图景，在电影文化发展中发挥"风向标"的作用，电影作为文化的呈现方式，通过艺术诉说文化；另一方面，基于文化的多样性，电影节对电影所呈现的文化有所选择，由此形成了不同的话语体系。[1]

国际性的文化节庆最大的特征就是文化的多元性与包容性。北京国际电影节作为世界传媒人的盛会，让来自不同国家和地区的优秀制片人、导演和演员会聚一处，通过多种活动将丰富多彩的文化形态进行融合与碰撞，促进文化的交流。[2] 就电影节的参与者而言，来自世界各地的导演、制片人、编剧、演员等电影生产一线的人员出席电影节相关活动，并与各国媒体和全球观众直接对话交流，促进了人们对不同类型电影艺术的认知和理解。北京国际电影节在评委会的组成、吸引和邀请参

---

[1] 杨琳、许秦：《影响力与多元价值实现：丝绸之路国际电影节影响力研究》，《同济大学学报》（社会科学版）2020年第1期。

[2] 赵六珂：《欧美国际电影节的文化价值与启示》，《新锐视点》2018年第17期。

赛影片、选片和评奖等方面均体现了文化多样性。以第四届北京国际电影节为例，共有来自六大洲 88 个国家和地区的 837 部影片报名参赛，其中国际影片 682 部，国内影片 155 部。影片题材丰富、类型多样、风格各异。[1] 因此，北京电影节有助于促进北京国际交往中心建设的话语多元化。

2. 文化产业话语

电影节隐含多元价值，包括文化价值、社会价值、产业价值。电影产业是文化产业的重要组成部分，处于产业链的前端，发展潜力巨大。作为文化盛事的国际电影节，在彰显丰富的文化价值与社会价值的同时，其所蕴含的巨大的产业价值同样值得关注。电影节作为一种节事活动，已经被赋予文化产业、策展活动的基本属性，从单纯的电影展会发展成为附加值倍增的综合性文化产业活动。在文化产业成为 21 世纪备受关注的经济新增长点的背景下，电影节有助于通过全产业链孵化创造经济效益，并打造文化产业话语。作为电影节举办地，能够依靠电影节打造"文化产业链"以提升产业效能促进品牌发展，培育相关产业延伸电影节产业链增值效益，围绕电影节培育图书出版、动漫生产、儿童用品、娱乐项目及多种第三产业项目。从经济效益角度审视国际电影节，其焦点和意义绝不仅仅停留在电影作品本身。[2] 因此，国际电影节的举办可以提升北京相关文化产业的影响力，通过文化产业话语的影响力，进而提升城市作为国际交往中心的影响力。戛纳等城市作为久负盛名的国际电影节举办地，具有相关文化产业的影响力。洛杉矶作为奥斯卡金像奖的举办城市，更是成为相关文化产业的代表。而文化产业话语影响力提升，也自然会提升城市的国际影响力。

（三）北京国际电影节与城市

1. 塑造北京城市形象

城市是电影节的"黄金搭档"，二者相互影响。电影节是宣传和提

---

[1]　张雅欣、毛凌野：《国际电影节的跨文化价值构建》，《世界电影》2015 年第 5 期。

[2]　杨琳、许秦：《影响力与多元价值实现：丝绸之路国际电影节影响力研究》，《同济大学学报》（社会科学版）2020 年第 1 期。

升文化影响力的窗口，同时是举办城市展示自身文化形象的重要机遇。以戛纳为例，19世纪初，这个位于法国阿尔卑斯滨海省的小镇还是个只有约4000人口的小渔村，而从1946年举办首届电影节至今，它已成为全世界最大的电影集散地，主打"大海、阳光、美女"的戛纳凭借一年一度的电影节获得了巨大的经济收益。① 电影节既是城市品牌国际传播的有效途径，也是城市形象推广的平台。比如，首届丝绸之路国际电影节举办城市西安，是中国的历史文化名城，是中国古代历史上建都朝代最多、时间最长的都城，也是古代丝绸之路的起点，这为丝绸之路国际电影节的举办奠定了坚实的文化根基。一些显著的文化符号在人们的心中留下印记，人们凭借这些文化符号加深对城市的感知，以至于一听到某城市，总是最先想起它鲜活的形象。例如，巴黎是时尚之都、浪漫之都、文化艺术之都，维也纳是音乐之城，罗马是古典文化荟萃的城市。

2. 北京城市历史文化基因

优秀文化节庆活动的成功举办离不开举办城市的文化特质。北京作为一座有着3000多年建城史、800多年建都史的城市，见证了源远流长的中华文明，蕴含中华民族深厚的文化底蕴，彰显大国首都的文化自信。北京作为统一多民族国家的首都，始于元代大都，作为首都的历史不算最长，但北京是中国古代都城文化的集大成者，在全国的古都中，北京形态最完整、史迹最丰富、文化底蕴最深厚。大量承载着北京历史文化的遗存，用无声的语言和真实的形象，钩沉这座古都的记忆、理念和智慧，记录包含诸子百家和各民族智慧的形象。北京不仅是中国六大古都之一，还是世界十大名都之一，北京的城市规划独具特色。主客分明、布局宏大的都城规划设计，堪称中华传统思想与精湛瑰丽艺术的完美结合，集中华民族文化艺术之精髓，坛庙寺观点缀，金水玉河环绕，各族文化熔于一炉，世界文化密切交融，从庄严的紫禁城到中轴线，从礼制坛庙到王公府邸，从皇家园林到文人会馆再到名人故居，无一不体

---

① 李庆阳：《国际电影节运作模式探析》，《现代传播》2014年第11期。

现着古都北京宝贵的历史文化遗产，彰显这座城市的独家记忆和文化符号。①

二 提升北京国际电影节影响力的话语策略选择

（一）分析框架与语料

北京国际电影节创办于 2011 年，前身为北京国际电影季，由国家广播电影电视总局、北京市人民政府主办。2012 年，北京国际电影季更名为北京国际电影节，每年举办一届并设立评奖单元。每届北京国际电影节都全网直播其开幕式。② 本文选择 2018 年第八届和 2019 年第九届北京国际电影节开幕式中的主持人介绍以及嘉宾致辞为语料，将其转写下来分析文本语料如何通过选择话语策略，构建北京国际电影节形象以及北京城市形象，从而提升北京国际电影节的影响力。

本文选择语篇历史研究方法作为分析框架。语篇历史研究方法是话语分析的主要流派，语篇历史研究方法认为话语分析应从三个维度展开：（1）语篇的主题；（2）语篇的话语策略；（3）语篇的实现主题和话语策略的语言手段。③ 本文首先从话语策略的角度切入，指出文本话语建构中涉及的话语策略，进而从微观层面分析不同话语策略实现的语言特点和形式，最终归结出不同话语策略建构出的北京城市形象以及北京国际电影节形象。

（二）话语策略的选择

话语策略由五类构成：指称策略、述谓策略、论辩策略、视角化策略以及强化/淡化策略。指称策略指通过对特定社会群体（social actors）、客体（objects）/现象（phenomena）/事件及过程（events and processes）/行动（actions）进行指代来实现群内/群外身份的话语建构

---

① 刘洋：《把首都历史文化的"金名片"擦得更亮》，《前线》2017 年第 8 期。
② 《全程：第九届北京国际电影节开幕式全回顾 众星璀璨共迎开幕》，爱奇艺，2019 年 4 月 15 日，https://www.iqiyi.com/v_19rsfmaxs4.html，最后访问日期：2020 年 4 月 30 日。
③ Martin Reisigl & Ruth Wodak, "The Discourse-historical Approach (DHA)," in Ruth Wodak & Michael Meyer, eds., *Methods of Critical Discourse Analysis* (2nd Edition), Peking University Press, 2014, pp. 87–121.

策略；述谓策略指对特定社会群体、客体、现象、事件及过程和行动积极或消极的话语修饰或限定（discursive qualification）；论辩策略是用来证实文本中命题的正面性或负面性，通常是通过使用一些由前提和结论组成的惯用语句（topos），引导听者对诸如定义、益处、无效、危险或威胁这些论题（topoi）进行逻辑判断，以达到说服的目的；视角化策略指对文本作者的观点进行立场化的话语手段，用以表明文本作者对某一立场的有意参与或刻意疏离；强化/淡化策略指通过修饰（增强或削弱）话语的言外之力（illocutionary force），即其义务（deontic）情态或认识（epistemic）情态身份，以定位该命题在语篇中的地位。①

1. 指称策略

指称策略是指通过把一个人归属于自己一方或者对方来建构和再现社会实践。语篇历史研究方法认为可以通过成员分列的方法，将某个人归属于自己一方或对方。指称或命名的选择往往凸显该群体或个体的某种形象，是理解身份建构的关键。②

例 1：所有人都热爱电影，因为电影是一场旅程，一场纯净的旅程。电影是一种超越语言、民族的艺术。它是一种旅行、一种了解，让我们遇见他人，分享我们生活经历的方式。③

例 2：电影关注每个人的内心旅程，并让我们想起论语中的一句话："性相近，习相远。"今晚北京国际电影节向我们证明了这一点，它汇聚了来自世界各地的电影和电影人。④

例 3：非常高兴在这美好的夜晚与大家再次相聚，中国影

① Ruth Wodak, "The Discourse-historical Approach," in Tian Hailong and Zhao Peng, eds., *Critical Discourse Analysis*: *Essential Readings*, Nankai University Press, 2012, pp. 226-262.

② M. Reisigl and R. Wodak, *Discourse and Discrimination*: *Rhetorics of Racism and Antisemitism*, Routhledge, 2001.

③ 《全程：第九届北京国际电影节开幕式全回顾　众星璀璨共迎开幕》，爱奇艺，2019 年 4 月 15 日，https://www.iqiyi.com/v_19rsfmaxs4.html，最后访问日期：2020 年 4 月 30 日。

④ 《全程：第九届北京国际电影节开幕式全回顾　众星璀璨共迎开幕》，爱奇艺，2019 年 4 月 15 日，https://www.iqiyi.com/v_19rsfmaxs4.html，最后访问日期：2020 年 4 月 30 日。

都——北京怀柔，共同见证光影传奇，共同追寻电影之梦。①

例 4：在此，我谨代表第九届北京国际电影节主办方向本届天坛奖的各位评委，向来自世界各地的电影人，表示热烈欢迎；向出席开幕式的各位嘉宾，向关心支持中国电影的朋友们，表示衷心的感谢。②

例 5：实现中国电影由大到强的转变，不仅是中国电影人的梦想，也是世界电影界的期盼。我们不仅愿意张开双臂，拥抱世界电影，还将用东方审美，与观影表达的有机融合，讲好中国故事，为世界电影贡献中国智慧、中国创造。③

第一人称代词"我们"是对外传播时经常使用的话语，有利于拉近与读者之间的距离。此外以"我们"指代，具有"移情"效果，使话语双方联系在一起，增强了话语的说服力、感染力。④ 例 1 中使用第一人称代词"我们"缩短了讲话人与听话人间的距离，易于讲话者向听话者传递自己的想法与价值观念。例 1 中"所有人"的使用将所有的人拉入同一阵营，共享相同的价值观；并且"所有人"颇为强调集体身份，强调对同一观念的认同，以至于人们往往将这种观念视为客观事实。与之相反，例 2 中的"每个人"是一个强调个体性的指称词，相比于集体指称的"所有人"，"每个人"更为注重个人的独特性。因此例 1、例 2 指称策略的使用，说明电影的意义，它既可以广泛到获得所有人的认同与热爱，又可以细微到适用于具有差异的个人。例 3 中的"大家"说明主客体，"大家"指除主体之外的所有人。"大家"这一人称指示词的使用，说明北京作为北京国际电影节主办方的东道主形

---

① 《全程：第九届北京国际电影节开幕式全回顾　众星璀璨共迎开幕》，爱奇艺，2019 年 4 月 15 日，https：//www.iqiyi.com/v_19rsfmaxs4.html，最后访问日期：2020 年 4 月 30 日。
② 《全程：第九届北京国际电影节开幕式全回顾　众星璀璨共迎开幕》，爱奇艺，2019 年 4 月 15 日，https：//www.iqiyi.com/v_19rsfmaxs4.html，最后访问日期：2020 年 4 月 30 日。
③ 《全程：第九届北京国际电影节开幕式全回顾　众星璀璨共迎开幕》，爱奇艺，2019 年 4 月 15 日，https：//www.iqiyi.com/v_19rsfmaxs4.html，最后访问日期：2020 年 4 月 30 日。
④ 徐欣：《英汉第一人称代词复数的虚指》，《山东外语教学》2010 年第 5 期。

象。在例4中，无论是"评委"、"嘉宾"还是"电影人"，都是对根据某一特定标准划分的同一群体的指称。"评委"和"嘉宾"是在电影节开幕式中具有特定职能的群体，"电影人"指称被划入同一行业的群体。相较于"评委""嘉宾""电影人"，"朋友们"指称范围更为松散与广泛。因此例4通过指称策略的使用，烘托北京国际电影节热情开放的形象。例5中"中国电影人"与"世界电影界"被划分为两个群体，以说明群体的相异。例5"中国"与"世界"两个指称词构建了北京开放交流与交往的形象。

2. 述谓策略

述谓策略关注的是行为主体与行为客体之间怎样进行话语建构，其具体表现形式是在谓语成分中使用有否定意义或肯定意义的修饰语，其目的是对社会活动者赋予正面的褒义或负面的贬义。语篇历史研究方法认为对偏重使用这个策略的情况进行分析，可以看出语篇对社会活动者的态度。哈特（Hart）指出述谓策略可以从句法、语义以及语用资源等方面实现。①

例6：电影关注每个人的内心旅程，并让我们想起论语中的一句话："性相近，习相远。"今晚北京国际电影节向我们<u>证明</u>了这一点，它汇聚了来自世界各地的电影和电影人。②

例7：我十分荣幸能来这里分享我最心爱的电影，我希望这番话能成为各位<u>继续</u>去电影院的理由。③

例8：我觉得还算很<u>幸运</u>，我们做电影能够记录下一些慢慢改变了的城市的面貌。④

① C. Hart, *Critical Discourse Analysis and Cognitive Science: New Perspectives on Immigration Discourse*, Palgrave, 2010.
② 《全程：第九届北京国际电影节开幕式全回顾　众星璀璨共迎开幕》，爱奇艺，2019年4月15日，https://www.iqiyi.com/v_19rsfmaxs4.html，最后访问日期：2020年4月30日。
③ 《全程：第九届北京国际电影节开幕式全回顾　众星璀璨共迎开幕》，爱奇艺，2019年4月15日，https://www.iqiyi.com/v_19rsfmaxs4.html，最后访问日期：2020年4月30日。
④ 《全程：第九届北京国际电影节开幕式全回顾　众星璀璨共迎开幕》，爱奇艺，2019年4月15日，https://www.iqiyi.com/v_19rsfmaxs4.html，最后访问日期：2020年4月30日。

例6、例7是预设命题。预设指为保证行动、理论、表达或语段的适宜性或合理性所做的假设。① 北京国际电影节证明了预设性的"性相近，习相远"。这一中国文化理念意为：人在出生时，本性都是善良的，习性也很相近，由于后天的成长环境不一样，性情也就有了差别。例6运用肯定的预设表明北京国际电影节陶冶人的性情，提高人的素质。"继续"预设人们必然是因为电影的益处才被电影吸引。例7同样用肯定预设对北京国际电影节进行了积极构建。从及物性分析角度来看，例8表明认知的心理活动过程。由"很幸运"这一认知感染观众，说明电影节这一文化活动对于城市文化的记录保存以及传播大有裨益。②

3. 论辩策略

论辩策略是话语使用者在证明或质疑某些声明的真实性和正确性时所采用的逻辑推理方法，运用此策略，可以证实正面或负面的描述。说话者使用论辩策略所涉及的论辩题目通常包括：有用/有利，无用/无利，危险或威胁，羞辱，公正，责任，累赘，财务，事实，数字，法律和权利，历史，文化，滥用。对这些题目做出肯定或否定的判断，可以达到正式证明或负面描述的论辩目的。

例9：北京国际电影节是北京与电影的约定，是电影人的节日，是中国电影与世界电影交流互鉴的舞台。③

例10：北京国际电影节秉持着与中外电影共享资源、共赢未来的美好愿景，以大师、大众、大市场的风格特色，吸引着逾万名全球有影响力的业界精英和行业代表，是国际交流的大平台、电影

---

① S. Levinson, *Pragmatics*, Foreign Language Teaching and Research Press, 2001.
② 刘汉文、陆佳佳：《电影节：意义、现状与创新对策》，《当代电影》2016年第5期。
③ 《全程：第九届北京国际电影节开幕式全回顾 众星璀璨共迎开幕》，爱奇艺，2019年4月15日，https://www.iqiyi.com/v_19rsfmaxs4.html，最后访问日期：2020年4月30日。

市场的风向标。①

例 11：当然如同陈导刚才说的，北京是一座日新月异变化的城市，这几年它给我留下的印象是越来越大气，越来越国际化。②

例 12：北京国际电影节是全国文化中心建设的重要窗口，这里有最优秀的电影人，有层出不穷的电影佳作，有饱含热情的电影观众，蕴藏着属于电影的无限可能。③

例 13：本届电影节，有来自 90 多个国家和地区的 1200 多部影片报名参评、参展，300 多家中外电影机构和万余名嘉宾齐聚北京。④

例 14：主竞赛单元"天坛奖"评奖，自 2013 年设立以来，超90 个国家和地区近 3900 部影片报名参评，邀请了 40 余位世界著名导演和电影大师担任"天坛奖"评委，电影节开、闭幕式精彩纷呈，本届拥有 400 余位重量级中外电影界嘉宾踏上红毯，星光熠熠，北京展映精选了近 2900 部艺术水平高、观赏性强的中外佳作，200 余位中外知名电影人士在北京策划主题论坛发声，北京市场签约金额累计突破 1000 亿元，签约项目覆盖全产业链，是亚洲最大的电影市场之一。⑤

例 15：北京，一座与电影结缘的爱影之城。2018 年，北京生产影片 410 部，占全国电影产量 50%。15 部电影票房过亿，北京电影票房 2.18 亿。北京出品影片，贡献票房 42.23 亿，占新上映

① 《全程：第九届北京国际电影节开幕式全回顾　众星璀璨共迎开幕》，爱奇艺，2019 年 4 月 15 日，https：//www.iqiyi.com/v_19rsfmaxs4.html，最后访问日期：2020 年 4 月 30 日。
② 《全程：第九届北京国际电影节开幕式全回顾　众星璀璨共迎开幕》，爱奇艺，2019 年 4 月 15 日，https：//www.iqiyi.com/v_19rsfmaxs4.html，最后访问日期：2020 年 4 月 30 日。
③ 《全程：第九届北京国际电影节开幕式全回顾　众星璀璨共迎开幕》，爱奇艺，2019 年 4 月 15 日，https：//www.iqiyi.com/v_19rsfmaxs4.html，最后访问日期：2020 年 4 月 30 日。
④ 《北京国际电影节全程》，爱奇艺，2018 年 4 月 15 日，https：//www.iqiyi.com/w_19ry5mdfvx.html，最后访问日期：2020 年 4 月 30 日。
⑤ 《全程：第九届北京国际电影节开幕式全回顾　众星璀璨共迎开幕》，爱奇艺，2019 年 4 月 15 日，https：//www.iqiyi.com/v_19rsfmaxs4.html，最后访问日期：2020 年 4 月 30 日。

影片总票房的 72.4%。①

例 16：九年来，北京国际电影节坚持面向大师，服务大众，引领市场，走过了高端起步，跨越提升，与国际接轨的发展历程，为中国电影和世界电影的发展注入了新动力、新活力。②

例 17：最大的分别是 2004 年底来这儿，整个北京都在改建，应该是准备奥运吧。到哪里看都是吊臂，整个城市像太空城市、未来的城市一样。然后我们看了很多景都找不回来了，因为老北京的感觉越来越少了。然后我们就一直一个地方一个地方去找，找回老北京的感觉。③

例 9、例 10、例 11、例 12 使用了定义惯用语句。以"定义"为论题的惯用语句是指如果一种行为或者行为主体被命名为 X，那么这些行为或者主体就承载了 X 的特征。④ 例 9 将北京国际电影节定义为节日，定义为舞台。节日是一年之中大家共同庆祝的日子，是为了庆祝或者纪念某件事情，是约定俗成的日子。由此说明北京电影节之重要，值得庆祝与纪念。舞台是表演与展示自我的场所，将北京国际电影节定义为"舞台"，说明北京国际电影节吸引众多人的目光，供北京电影、中国电影乃至世界电影在其中展示自我。例 10 以"大平台""风向标"命名北京国际电影节。平台是指进行某项活动所需要的环境和条件，比如信息的提供与获取。以"大平台"命名北京国际电影节说明北京国际电影节既可提供相关信息，又可提供媒介让参会者展现自我。风向标具有指示、指引方向的特点，它说明事物的发展趋势与方向。以"风向标"命名北京国际电影节，构建了北京国际电影节权威、引领潮流的

---

① 《全程：第九届北京国际电影节开幕式全回顾　众星璀璨共迎开幕》，爱奇艺，2019 年 4 月 15 日，https：//www.iqiyi.com/v_19rsfmaxs4.html，最后访问日期：2020 年 4 月 30 日。

② 《全程：第九届北京国际电影节开幕式全回顾　众星璀璨共迎开幕》，爱奇艺，2019 年 4 月 15 日，https：//www.iqiyi.com/v_19rsfmaxs4.html，最后访问日期：2020 年 4 月 30 日。

③ 《全程：第九届北京国际电影节开幕式全回顾　众星璀璨共迎开幕》，爱奇艺，2019 年 4 月 15 日，https：//www.iqiyi.com/v_19rsfmaxs4.html，最后访问日期：2020 年 4 月 30 日。

④ Ruth Wodak, "The Discourse-historical Approach," in Tian Hailong and Zhao Peng, eds., *Critical Discourse Analysis: Essential Readings*, Nankai University Press, 2012, pp. 226-262.

形象特点。例11将北京定义为一座日新月异的城市，借此构建北京发展迅速的形象，暗含北京走向国际具有潜力与进步空间。例12中窗口的特点是以局部代表全貌，比喻渠道。北京国际电影节是全国文化中心建设的窗口，借此定义惯用语句来说明北京国际电影节是国际交往中心建设的重要部分。由北京国际电影节发展的情况可知中国文化建设发展的状况，以此突出北京国际电影节形象代言的地位。

例13、例14、例15使用了数字惯用策略。以"数字"为主题的惯用语句指的是运用数字来证实特定的主题，从而证明某项行动应当或者不应当被执行或实施。[①] 例13、例14、例15中的数字用来衡量国家或地区的数量、影片的数量、交易额以及人数。参赛国家和地区之广、参赛影片与人数之多、交易金额之大，凸显了北京国际电影节的规模与影响力，从而构建了一个具有规模与影响力的电影节形象。例15中百分比的使用，说明北京电影的份额之大，凸显了北京作为全国文化中心的城市形象。

例16使用了益处惯用语句。以"益处"为主题的惯用语句指的是如果某种行为是有益的，那么人们就必须执行这种行为。[②] 北京为中国电影和世界电影的发展注入了新动力、新活力，这无论是对中国还是对世界来说都是有益的，因此，中国乃至世界人民都在推动北京与北京电影节的发展。而以"危险或威胁"为论题的惯用语句是指如果某种行为会导致危险的结果，那么就不要让这种行为发生。如果有危险存在，那么我们就要采取措施避免危险。[③] 例17讲述了北京因为现代化建设，丢失了一些老北京的韵味，因此有必要采取措施来解决这一问题，一方面可以部分保留老北京的传统，另一方面可以用电影记录这座城市的风貌。

---

① Ruth Wodak, "The Discourse-historical Approach," in Tian Hailong and Zhao Peng, eds., *Critical Discourse Analysis*：*Essential Readings*, Nankai University Press, 2012, pp. 226-262.

② Ruth Wodak, "The Discourse-historical Approach," in Tian Hailong and Zhao Peng, eds., *Critical Discourse Analysis*：*Essential Readings*, Nankai University Press, 2012, pp. 226-262.

③ Ruth Wodak, "The Discourse-historical Approach," in Tian Hailong and Zhao Peng, eds., *Critical Discourse Analysis*：*Essential Readings*, Nankai University Press, 2012, pp. 226-262.

三 北京国际交往中心话语建设的启示

（一）精准定位北京国际电影节传播人文和情感话语

电影节数以万计，从数据上来看，无论是观影人次还是交易规模，北京国际电影节已经接近国际 A 类电影节。但是权威性、品牌影响力、观影体验等方面还有待提升。作为电影节主办城市，北京起步晚，没有根基，在竞赛单元和交易市场的发展上并不占优势，因此不能盲目追求国际 A 类电影节的定位。北京最大的资源是相对高素质的城市人口，以及背后庞大的中国电影市场。北京国际电影节更适合先集中精力做好电影展映，打造公共电影节，用这种形式提升民众对影视文化的整体认知，并进一步为城市文化的建构与传播贡献力量。① 因此，在北京国际交往中心建设话语中要通过北京国际电影节相关话语强调北京国际电影节依托的城市、代表的庞大人口，以及北京作为中国古都的文化传承，还要包括北京国际电影节所体现的发展中国家的人文和话语关切。

北京作为全国政治中心和文化中心，在"一带一路"倡议及全球化的背景下，已率先开启并深化城市国际化进程。在由全球化与世界城市研究网络编制的《世界城市名册》中，北京多年位列 A+等级，与伦敦、纽约等均为世界一线城市。② 但与伦敦、纽约等国际交往中心城市相比，北京国际交往中心建设起步晚、根基弱。因此，北京国际交往中心话语建设不能盲目攀比伦敦、纽约等国际交往城市的话语定位。北京作为中国首都，历史悠久，文化底蕴深厚，具有独特的城市魅力。相比于国家与国家之间的交往，城市之间的交往可以更加贴近文化主题，城市话语可以更多吸取民间话语中的多元性和活力。因此北京国际中心话语建设可以尝试从电影对城市和城市居民的影响来加强北京电影节相关话语，使北京电影节成为提升北京城市人文、情感吸引力的载体，通过北京电影节提升北京的城市形象话语，因为国际交往中心不是无情感、

---

① 罗赟：《北京国际电影节与中国电影对外传播》，《电影评介》2017 年第 4 期。
② 王义桅、刘雪君：《"一带一路"与北京国际交往中心建设》，《前线》2019 年第 2 期。

无特色的建设，世界上所有的国际交往中心都具有人文吸引力和独有的话语情感依托，而电影是最好的载体之一，国际电影节是最好的平台之一。

（二）国际活动对外话语要符合新媒体传播特点

在当前时代背景下，新媒体成为人们获取相关信息的主要路径。媒介传播是形成影响力的基础。出色的媒介宣传是提高北京国际影响力的重要一步。充分发挥媒介的传播作用是增强北京国际交往中心建设的知名度和参与度，提升北京国际交往中心建设影响力的重要举措。当代社会，媒体形态日新月异，新媒体跨越时空限制，不断推陈出新。与新兴媒体结合，对外话语传播模式多样化，成为塑造和提升北京国际交往中心建设影响力的关键路径。社交网络的兴起极大地改变了人们获取信息的方式。因此，北京国际交往中心话语建设一方面要精准定位，另一方面要与新媒体结合，拓宽传播路径。北京国际交往中心话语建设的媒介传播是一场持久战。北京举办国际会议、会展以及赛事等期间，是北京国际交往中心建设的关键宣传期，非活动举办期间则为北京国际交往中心建设的日常维护期。

因此，在北京国际电影节等活动期间，北京国际交往中心的对外传播也需从新媒体角度切入，以互联网思维打造高效传输方案，从而将直播、短视频等新兴媒体与传统媒体相结合，以多种传播渠道传播，从而提高北京国际交往中心话语的影响力。北京国际电影节等国际活动的话语也要有符合新媒体特点的话语定位。

（三）发展话语对外传播产业链

拥有较高影响力的电影节可以带动电影项目的签约，提高电影票房收入，提高相关影视基地等的经济效益。电影节虽以艺术追求为主，但在产业化进程中其产业价值逐渐凸显。开拓电影市场，可以提供融资机会，促进产业合作，建立影片交易市场，集聚产业要素，汇聚世界各地的买方与卖方，开拓电影版权交易市场，举办影片版权、音乐版权、影视剧本等的推介会及项目洽谈。①

---

① 王义桅、刘雪君：《"一带一路"与北京国际交往中心建设》，《前线》2019年第2期。

从北京国际交往中心话语建设角度，文化领域的电影节、艺术节、博览会等国际交往活动给北京带来了话语效益。更多的话语关注可以转化为话语效益，可以利用国际电影节带来的话语效益提高城市知名度、促进相关文化产业链的发展，进而提升话语对外传播产业链水平。作为国际活动举办地的北京，能够依靠国际活动发展相关话语产品产业链，并培育围绕国际活动增值的内容、信息、娱乐等众多第三产业项目。以话语产业链激发市场活力，从而促进资金融通与贸易畅通。

（四）推动多元、开放、包容的国际交往中心话语建设

北京国际电影节秉持"天人合一，美美与共"的核心主张，尊重文化的多样性。北京国际电影节将多种文化聚集到一起，相互学习，相互欣赏。北京国际电影节汇集了多个国家和地区的电影参评，邀请了世界著名导演和电影大师担任评委。北京国际电影节开幕式和闭幕式精彩纷呈，众多重量级中外电影界嘉宾踏上红毯。北京国际电影节星光熠熠，展映精选大量艺术水平高、观赏强的中外佳作，众多中外知名电影人士在主题论坛发声。这些都体现了北京国际电影节的多元、开放和包容。而这种多元、开放和包容应该体现在北京国际电影节的对外话语传播中，并与北京国际交往中心建设结合起来。

作为国际交往中心的城市不仅属于一个国家、一个地区及当地居民，而且属于世界和世界人民。北京国际交往中心话语体现北京能够包容来自世界各地的不同文化，能够呈现多元文化相互学习、相互促进的多元开放精神。在利用国际电影节话语建设北京国际交往中心话语的过程中，要强调北京的多元文化及多元话语、开放精神及开放话语、包容精神及包容话语。

国际城市媒体北京论坛主旨演讲对国际交往中心话语建设的启示

王　磊　刘思彤*

一　亚里士多德修辞学

劝说（Persuasion）是亚里士多德修辞理论（Aristotelian rhetorical theory）的核心。为了加强劝说以及达到"理、情、信"统一的效果，亚里士多德提出了三种诉求方式，即逻辑诉求（Logos）、情感诉求（Pathos）、信誉诉求（Ethos）。[①] 逻辑诉求指的是演讲者通过罗列证据或者三段论等逻辑方式吸引听众的兴趣，取得听众的信任；情感诉求指的是演讲者运用一些语言策略从而点燃观众的情绪、激起观众的热情；信誉诉求指的是演讲者在演讲过程中通过呈现一系列的多模态符号，如言语、行为、穿着、表情等，建立起理性、美德的良好形象，取得听众对自己的好感和信任。

二　背景及应用分析

（一）背景

北京是中国的首都，是国际交往中心。建设一个什么样的首都，怎样建设首都，与新时代下中国在世界大格局中的地位密切相关。目前，

---

* 王磊，北京第二外国语学院教授，研究方向为话语分析；刘思彤，北京第二外国语学院2018级硕士研究生，研究方向为话语分析。

[①] 蓝纯：《修辞学：理论与实践》，外语教学与研究出版社，2010。

城市代表国家参与全球治理和全球竞争的趋势日益明显，北京既承担着中国特色大国外交舞台场所提供者的角色，又要参与同亚洲乃至全球城市国际交往资源的竞争。因此，在当前全球化大环境下，集聚相关优势资源，加快推进北京国际交往中心建设尤为迫切。①

（二）应用分析

建设北京国际交往中心，不可忽视的就是媒体的作用，要关注媒体在政府决策、组织管理、舆论引导以及收集资料方面的作用。因此，北京市委常委、宣传部部长杜飞进在国际城市媒体北京论坛主旨演讲中表示："要着眼促进城市媒体互动沟通和务实合作，以媒体的交流促进文化的相通、文明的互鉴。国际城市媒体合作的最终目的是为了讲好城市故事，共同构建人类命运共同体，即构建一个符合时代特点的新型枢纽城市形象以及合作关系。"② 本文从亚里士多德修辞分析的角度对杜飞进部长的主旨演讲进行分析，并对北京国际交往中心话语建设提出建议。

1. 逻辑诉求

从演讲的层次上来说，杜飞进首先强调了北京在全球化大环境下的城市定位，作为具有丰厚文化底蕴的古都，北京具有与其他文化、文明相互交流的包容性，有与世界共同发展的诉求。随后，他将重点放到了城市媒体合作交流上，说明了开展国际城市媒体北京论坛的必要性。最后，杜飞进部长就国际城市媒体和北京媒体的具体合作提出了四点建议。

总体而言，整篇演讲结构完善，逻辑清晰，容易吸引听众的注意力。逻辑清晰的劝说方式在演讲中是很重要的，拥有清晰的逻辑，演讲者才能明确地表达出自己的观点，从而为情感诉求和信誉诉求的有效性奠定基础。听众也能够更明确地理解演讲者的观点，增强对演讲者的信任。

2. 情感诉求

由于主旨演讲的主要听众是北京市属主要媒体代表与来自巴西、古

---

① 刘波：《加快推动北京国际交往中心建设》，光明网，2019 年 6 月 28 日，http：//guancha. gmw.cn/2019-06/28/content_32984640.htm，最后访问日期：2020 年 4 月 3 日。

② 《"互通互鉴 合作共赢"国际城市媒体北京论坛成功举办》，搜狐网，2019 年 12 月 16 日，https：//www.sohu.com/a/360408357_108794，最后访问日期：2020 年 4 月 3 日。

巴、埃塞俄比亚、伊朗、日本、老挝、尼泊尔、巴基斯坦、俄罗斯、土耳其、乌克兰、越南等 12 个国家的 12 家媒体、14 位高管和核心记者。

首先，杜飞进部长以东道主的口吻，表达了北京想要与世界交流、共同发展的夙愿。

> 北京是拥有丰厚历史文化底蕴的著名古都，也是一座开放包容的现代化国际都市。作为负责任大国的首都，北京与世界共呼吸，与时代同脉搏，海纳百川、兼收并蓄，在走向世界中融入世界，在对话世界中影响世界，与志同道合的国际城市共同架起了一座座契若金兰的友谊之桥。①

其次，杜飞进部长为了拉近与各国媒体之间的距离，描绘了当前时代条件下，各国媒体人共同的诉求。

> 一个时代有一个时代的主题，一代人有一代人的使命。当今世界处于百年未有之大变局，科技革命孕育着大发展、大变革、大调整的先声，新兴经济力量的快速崛起为全球治理体系变革注入强劲动力。同时，世界经济发展的不稳定不确定因素也在上升。习近平主席深刻指出，和平与发展是当今时代的主题，也是时代的命题，需要国际社会以团结、智慧、勇气，扛起历史责任。广大媒体人要积极承担起交流的使者、发展的参与者之责任，展现时代担当。今天到会的媒体都是国家级的大报、大台、大通讯社，各位嘉宾都是本国、本地区新闻界的领军人物。我们坚信，在和平合作、开放融通、变革创新的滚滚大潮中，国际城市媒体与北京媒体的合作大有可为、大有作为。这里，我愿与各位媒体朋友分享四点想法。②

---

① 《"互通互鉴 合作共赢"国际城市媒体北京论坛成功举办》，搜狐网，2019 年 12 月 16 日，https：//www.sohu.com/a/360408357_108794，最后访问日期：2020 年 4 月 3 日。
② 《"互通互鉴 合作共赢"国际城市媒体北京论坛成功举办》，搜狐网，2019 年 12 月 16 日，https：//www.sohu.com/a/360408357_108794，最后访问日期：2020 年 4 月 3 日。

杜飞进部长还在演讲中多次强调国际城市媒体之间合作的必要性，而且对合作后的未来抱有强烈的信心，认为北京论坛作为致力于促进城市媒体合作发展、国际城市持久友好、各国民心相通的平台，为国际城市媒体合作提供了坚实的基础。

总之，杜飞进部长在演讲中运用情感诉求使得各国媒体人同心同愿，对国际合作产生强烈的信心，为日后的国际合作赢得了各方的支持。情感诉求和信誉诉求的双重作用，更使得民众对其信任度逐渐提升。

3. 信誉诉求

促进国际城市媒体之间的合作及共同发展的基础有两点。首先，明确北京城市定位；其次，协调国际城市媒体之间、媒体与政府之间、媒体与人民之间的关系。杜飞进部长在演讲后半部分有关国际城市媒体合作及共同发展的主题，以科技革命浪潮、2022 年北京冬奥会及"一带一路"倡议下的具体合作为例，主要对国际媒体提出了四点建议：强化合作交流，共同回答时代课题；讲好城市故事，携手深化民心相通；着眼共建共享，共创城市美好未来；聚焦和平与发展，推动构建人类命运共同体。[①]

北京在 2008 年北京奥运会之后各领域的飞速发展，得到了国际社会的尊重和重视，集聚了各领域的人才，为国际媒体的合作奠定了坚实的基础及树立了强烈的信心。

杜飞进部长在演讲中为了劝说听众而使用的三种诉求方式起到了积极的作用。清晰的逻辑增强了演讲的信度，北京"四个中心"建设增强了国际合作信誉度，再加上演讲过程中多次提到的"人类命运共同体"理念，不仅表现出北京对合作发展的强烈信心，而且唤起了其他国际城市媒体的信心。这次北京论坛不仅强调北京在国内外定位的重要性，关注各个国际城市之间友好交流的联动性，而且阐述了将北京作为

---

① 李军凯、张红、孙艳艳：《加快推进北京国际交往中心建设》，《经济日报》2019 年 11 月 22 日。

中国名片走出国门的必然性。随后，在国际城市媒体合作的具体措施方面，杜飞进提出了国际城市媒体与北京媒体共同强化合作交流、讲好城市故事、着眼共建共享、聚焦和平与发展的夙愿，一起为了构建人类命运共同体而努力。

三　对建设北京国际交往中心的启示

北京国际交往中心建设作为促进北京走出国门传播中国文化，以及加深各国文化交融合作共同发展的重要举措，同样也要借鉴国际城市媒体北京论坛中提及的重要性、联动性和必然性。《北京城市总体规划（2016 年—2035 年）》明确指出了北京"四个中心"城市战略定位：全国政治中心、文化中心、国际交往中心以及科技创新中心。其中，北京国际交往中心建设，不仅能够提高城市规划建设水平，而且有利于增强北京乃至中国的国际影响力，提升综合国力。北京国际交往中心建设，主要以服务国家开放大局，着力优化国际交往功能的空间布局，加强国际交往重要设施和能力建设，健全重大国事活动服务保障长效机制为主要目的。[①]

（一）明确北京定位

北京国际交往中心话语，需要明确北京的定位及在国际交往中传播的国际形象。明确北京的城市定位，精确北京城市形象，才能为开发城市功能提供明确清晰的方向。北京是中国的首都，但同时是一座城市。北京国际交往中心建设，首先要协调好北京"都"和"城"的区别，要紧紧围绕首都的功能来指导规划城市的发展，以城市的发展保障首都功能。[②] 北京国际交往中心话语建设，并不是以单个城市的国际交流为出发点，而是杂糅了城市、国家、国际主体的综合需要的表达。

---

① 《北京城市总体规划（2016 年—2035 年）》，北京市人民政府网站，2017 年 9 月 29 日，http://www.beijing.gov.cn/gongkai/guihua/wngh/cqgh/201907/t20190701_100008.html，最后访问日期：2019 年 12 月 3 日。

② 《北京城市总体规划（2016 年—2035 年）》，北京市人民政府网站，2017 年 9 月 29 日，http://www.beijing.gov.cn/gongkai/guihua/wngh/cqgh/201907/t20190701_100008.html，最后访问日期：2019 年 12 月 3 日。

因此，北京国际交往中心话语建设，要以服务国家开放大局为表达取向，以逐渐优化国际交往过程中功能的实现为表达重点。

（二）协调关系

北京国际交往中心话语建设要科学平衡地表达国际交往中心建设中的四种关系：地方和中央、空间和功能、硬件和软件、发展和安全。[①]在确定北京定位及国际交往中心目的后，北京国际交往中心话语建设要找准城市外交和国际外交的契合点；结合国家外交需求，讲明各个区域的国际潜力，讲明发展城市适宜的国际交往功能；明确基础设施建设和价值观文化软环境之间相互补充、共同发展的要求；面对复杂的国际形势，要关注在发展的过程中兼顾政治安全、经济安全、文化安全、市民安全以及信息安全的表达。

处理好这四种关系对北京国际交往中心话语建设十分重要。北京国际交往中心话语建设中科学严谨的话语逻辑必不可少。缜密的逻辑思维为国际交往中心话语建设的具体实施提供了清晰的框架，也为之后的政策实施提供了明晰可行的步骤。

（三）阐明必然性

北京作为中国的首都，无论是历史维度还是现实内涵，北京国际交往中心建设都须加强，这是中国在目前多极化国际局势下的必然选择。[②]

在历史层面，1983 年 7 月，《中共中央、国务院关于〈北京城市建设总体规划方案〉的批复》中指出，北京要为党中央、国务院领导全国工作和开展国际交往，为全市人民的工作和生活，创造日益良好的条件。[③] 当时北京正处于计划经济时期，只能保障、服务好已有的外交工作。1985 年城市经济体制改革开始，2005 年《北京城市总体规划

---

① 李军凯、张红、孙艳艳：《加快推进北京国际交往中心建设》，《经济日报》2019 年 11 月 22 日。

② 周鑫宇：《国际交往中心建设的新内涵》，《前线》2018 年第 9 期。

③ 《中共中央、国务院关于〈北京城市建设总体规划方案〉的批复》，汇法网，发布日期：1983 年 7 月 14 日，https://www.lawxp.com/statute/s1044847.html，最后访问日期：2019 年 12 月 3 日。

（2004 年—2020 年）》的定性，2014 年习近平总书记指出北京要坚持和强化全国政治中心、文化中心、国际交往中心、科技创新中心的核心功能，2017 年北京新的城市战略定位等，这些有关北京国际交往的历史轨迹，都证明了北京国际交往中心建设是历史发展的必然结果，也是未来城市发展的统一方向。

在现实意义层面，北京国际交往中心建设不仅迎合了国家外交战略的发展，而且对改善城市形象、协调京津冀共同发展具有公时性。① 以北京为中心全方位开展对外交往、疏解非首都功能、吸引国际企业、巩固友好城市关系、培养多语种人才队伍，以建设涉外软环境，促进国际城市建设发展，促进国家外交事业进步，进一步提高大国地位和国家综合实力。

北京国际交往中心话语建设是新国际局势下中国对外话语体系发展的必然结果，会引起国内外对北京的关注，其逻辑性、情感感召和信誉度也会进一步加强中国对外话语体系建设。

---

① 刘波：《北京国际交往中心建设的现状及对策》，《前线》2017 年第 9 期。

外事话语策略对北京友好城市话语建设的启示

王　磊　尚成燕*

一　引言

友好城市（以下简称"友城"）又被称为姐妹城市（Twin Cities），指一国的城市与另一国相对应的城市之间正式、综合、长期的友好关系。友城之间会签署正式友城协议，并以促进共同发展、增进相互友谊、维护世界和平为目的，积极开展政治、经济、文化、科技、教育、卫生、环境保护、体育和青少年交流等各个领域的交流合作。自 1973 年中国恢复在联合国的合法席位以来，北京作为中国的首都和国际交往中心，不断发展并扩大国际友城工作。40 多年来，北京的"朋友圈"不断扩容。1979 年中美建交后，北京市先后与纽约、汉城（现韩国首都首尔）、巴黎、布鲁塞尔大区、阿姆斯特丹结为友城。至今，北京市已与 50 个国家的 55 个城市建立市级友城关系，区级友城及友好交流城市多达 173 个。[①]

---

* 　王磊，北京第二外国语学院教授，研究方向为话语分析；尚成燕，天津商业大学外国语
　　学院 2018 级硕士研究生，研究方向为话语分析。
① 　《40 年，北京的友城"朋友圈"遍布全球》，北京市人民政府外事办公室网站，2019 年
　　11 月 13 日，http://wb.beijing.gov.cn/home/index/wsjx/201912/t20191220_1354743.html，
　　最后访问日期：2020 年 4 月 8 日。

二　研究方法简介

本文从话语分析的角度出发，对北京市人民政府外事办公室发布的《40 年，北京的友城"朋友圈"遍布全球》一文进行分析，并认为该文属于北京外事话语。话语（discourse）是使用中的语言，是以口头表达或者书面语言的形式参与社会实践，所以话语即为社会实践。[①] 北京外事话语则指北京外事活动中使用的语言。而讲话人为了实现特定的目的会在语言的选择与使用上采取特定的话语策略，所以本文先对《40 年，北京的友城"朋友圈"遍布全球》一文进行了微观语言层面的分析，探讨了该篇文章中的话语策略，进而分析话语策略的使用体现出的话语功能，即北京外事话语所建构的北京友好城市形象，并在此基础上提出了北京友好城市建设的建议。

三　北京外事话语策略分析

策略（strategy）是为了实现特定的社会、政治、心理或语言目的而采取的特定计划或实践方式，[②] 话语策略（discursive strategies）就是讲话人在特定的情景中为达到特定目的而特意采取的一系列话语实践，包括谋篇布局、语言词汇选择及讲话方式。北京市人民政府外事办公室发布的《40 年，北京的友城"朋友圈"遍布全球》一文，包含了论辩策略、语篇再现策略、互文性策略等话语策略。

（一）论辩策略——友城互帮互助

"论辩策略是演讲者在证明或者质疑某些声明的真实性和正确性时所采取的一些逻辑推理方法"，[③] 言说者在话语实践中使用论辩策略时，

---

① N. Fairclough and R. Wodak, "Critical Discourse Analysis," in Tian Hailong and Zhao Peng, eds., *Critical Discourse Analysis：Essential Readings*, Nankai University Press, 2012, pp. 16-47.

② Ruth Wodak, "The Discourse-historical Approach," in Tian Hailong and Zhao Peng, eds., *Critical Discourse Analysis：Essential Readings*, Nankai University Press, 2012, pp. 226-262.

③ 赵芃：《学雷锋活动中的修辞——基于批评话语分析的论辩策略研究》，《当代修辞学》2015 年第 4 期。

会使用诸如定义，有用/有利，无用/无利，危险或威胁，历史，文化，数字，公正，责任等论题（topoi）的惯用语句（topos），[①] 通过这些惯用语句自带的逻辑性，引导听众进行逻辑思考，所以论辩策略是最具劝服力的话语策略之一。[②]

1. 历史与现实

历史可以再现过去发生的事情，具有告诫的作用，表示一定的行为会带来特定的后果，如果现在的情景与历史情景相似，那么应该根据历史的结果选择去做或者不做某一件事；以现实为论题的惯用语句则表示，如果实际情况是这样，那么应该根据现实情况来决定一件事情或一个决定是否应该执行。北京市人民政府外事办公室发布的《40年，北京的友城"朋友圈"遍布全球》一文从不同角度呈现了北京作为国际交往中心，积极与世界各国的城市建立友好城市关系并且与各个友城之间互帮互助的历史事实。

例1：1979年3月14日，北京市与东京都正式缔结友好城市关系。东京都成为北京市的首个国际友好城市。

例2：1979年中美建交后，北京市于次年与纽约市结好；1993年，北京市与汉城（现韩国首都首尔）结好；法国巴黎市、比利时布鲁塞尔大区、荷兰阿姆斯特丹市也相继成为北京的友城……特别是党的十八大以来，北京的友城工作迈上快车道，截至目前，北京市已与50个国家的55个城市建立市级友城关系，区级友城及友好交流城市多达173个。

例1和例2通过对历史史实的呈现，直观展现了1979年北京市与东

---

① Norman Fairclough, "The Discourse of New Labour: Critical Discourse Analysis," in Tian Hailong and Zhao Peng, eds., *Critical Discourse Analysis*: *Essential Readings*, Nankai University Press, 2012, pp.181–225.

② 赵芃：《专家知识的话语建构及其合法化——一档电视节目中药品推广的话语策略分析》，《天津外国语大学学报》2016年第6期。

京缔结友好城市关系，到现在的发展，北京市已经与首尔、巴黎、布鲁塞尔区、阿姆斯特丹市等世界 50 个国家的 55 个城市建立了友好城市关系。

例3：20 世纪 80 年代，与日本东京都的交流合作成为北京友城工作的重要部分，为北京市经济社会发展和对外开放提供了早期支持。东京都赠送的食品卫生监督车、环卫车和消防车，为北京市自主研发专业车辆提供了重要借鉴。在东京都消防厅帮助下，北京市建立了第一所消防学校。建筑抹灰技术、酱油防霉变技术、照相机关键零件的生产稳定性技术、食品中碘的测定方法、黄曲霉素的检测方法等，都是东京都提供给北京市的技术项目。

例3说明了北京市首个友好城市——日本东京都对北京友城经济社会发展和对外开放的支持与帮助。从食品、环卫、消防到建筑、生产生活，东京都对北京提供了技术上的支持，为北京的城市发展提供了极大的帮助。

例4：自 2015 年以来，面向印尼、老挝等"一带一路"沿线国家的重要城市，北京市外办举办了 6 期以市政管理为专题的友城交流项目，主题涉及交通、水务、环卫等多个领域，受到"一带一路"沿线国家普遍欢迎。

例5：20 世纪 90 年代，北京通过友城渠道招商引资，先后赴日本、德国、法国、西班牙、巴西、美国、韩国等国举办经贸洽谈会，每次成交总金额均高达数十亿美元。而近年来特别是党的十八大以来，北京将援外工作与服务企业"走出去"相结合，北京企业加速"走出去"，参与友城发展建设。北京市援助老挝万象的道路清扫车辆来自北京环卫集团；白俄罗斯的北京饭店由北京首旅集团建设运营；北汽福田近日在埃及新开罗批量交付 50 台纯电动客车，未来还将在当地开展合作生产；北控水务并购葡萄牙水务公司，在里斯本建立环保绿色的全程水处理工程……

例 6：40 年后的今天，古巴哈瓦那建城 500 周年之际，北京向友城哈瓦那赠送了一批先进的环卫车，助力当地垃圾处理工作。

不同于例 3 中友城对北京市发展的支持，例 4、例 5 和例 6 则表现了北京市对友城的支持与帮助。"一带一路"建设过程中以及党的十八大以来，北京市建立了多个友城项目，分别向印尼、老挝、日本、德国、法国、西班牙、巴西、美国、韩国、白俄罗斯、古巴等多个国家的友城提供了"交通""水务""环卫"等多个领域的帮助。

综上，可以看出北京市人民政府外事办公室发布的《40 年，北京的友城"朋友圈"遍布全球》一文通过论辩策略中历史和现实议题的使用，表明北京作为国际交往中心，在友好城市的建设过程中，秉持与友城互帮互助的精神，在接受友城的支持与帮助的同时，也在积极回应着友城的需求，不遗余力地向友城提供帮助。历史经验表明，在城市建设过程中，北京与友城之间的互帮互助是行之有效的。所以在世界充满机遇与挑战的今天，北京市应该继续保持与世界各国城市之间互帮互助的精神，与友城共同进步、共同发展。

2. 数字

数字论题的惯用语句指如果这个数字可以证明或者证明了特定的事实，那么就应该基于事实采取或不采取特定的行动。北京市人民政府外事办公室发布的《40 年，北京的友城"朋友圈"遍布全球》一文，用大量的数字介绍了北京市与友城之间互帮互助的成果。

例 7：近年来，双方就"首都圈"建设、城市精细化管理、大气污染防治等开展了共计 24 个合作项目。截至今年 6 月，北京企业在日本累计直接投资已达 1.1 亿美元。

例 8：截至目前，会员总数已达 218 个，覆盖世界五大洲 73 个国家和地区，已成为具有一流影响力的全球性国际旅游组织。

例 9：2013 年 4 月，北京市和韩国首尔市成立"北京首尔混委会"合作机制，是北京市与友城建立的第一个市级政府间综合性合作交流平台。成立 6 年来，混委会统筹推动双方 29 个职能部门高效对接，为两市创造了 130 多个涉及经贸、科技、文化、教育和环保等多领域的合作项目和交流活动，成为首都城市合作的典范。

例 7、例 8、例 9 中"24""1.1 亿""218""73""29""130"这些数字，一方面客观直接地呈现了北京在城市建设过程中，与友城之间互帮互助取得的成果；另一方面，展示了北京市与友城之间的合作涉及教育、科技、文化、旅游、城市管理、环保以及经贸等多个领域。基于这些数字呈现的事实，北京市应该继续采取相应的行动，与友城在互帮互助的过程中建设和发展自己。

3. 有利

例 10：在副中心建设、京津冀协同发展、大城市病治理等方面，北京将友城经验采纳吸收，为我所用，受益良多。

例 11：结好 40 年来，北京市与东京都形成的全方位、多层次、宽领域友城交往格局，也为东京都的发展提供了重要助力。

例 12：从服务国家总体外交，到推动务实合作，再到积极响应"一带一路"倡议，北京的友城交往在推动中国参与全球治理，构建人类命运共同体方面，正在发挥日益重要的作用。

例 10 表明，友城的城市发展与建设经验，在北京城市副中心建设过程中发挥了积极的作用；例 11 表明，北京市在借鉴友城城市建设经验的同时，也将自己的经验分享给友城，为友城的建设与发展提供了重要助力，再次印证了与友城之间的互帮互助；例 12 表明北京的友城交往，不仅在自己和友城的发展与建设中发挥积极作用，作为国际交往中心，北京市在发展自己的同时，也担起服务国家外交的责任，北京与友城的交往在中国参与全球治理，传播中国构建人类命运共同体的理念过程中，发挥了积极的带头作用。

4. 论辩策略小结

通过对北京市人民政府外事办公室发布的《40 年，北京的友城

"朋友圈"遍布全球》一文中论辩策略的分析可以发现，北京市在其自身建设与发展过程中，秉持与友城之间互帮互助的精神，不仅虚心接受友城的帮助、积极借鉴友城的建设经验发展自身，而且积极、慷慨地向友城提供帮助，与友城之间建立了教育、科技、文化、旅游、城市管理、环保以及经贸等多个领域的合作。和平与发展是当今时代的主题，世界在快速发展，中国也在快速发展，北京市作为中国的国际交往中心，不忘初心、牢记使命，在自身发展的过程中用事实向世界讲解着人类命运共同体的理念，推动中国参与全球治理，坚持同中国、世界共同进步，并且不断向友城、向世界讲述北京故事、中国故事和中国经验，并对友城、对世界的发展做出贡献。

（二）语篇再现策略——友城互鉴互促、互融互通

语篇再现（discourse representation）就是讲话者在自己的语篇中直接或间接引用或转述别人的观点，从而将其融入讲话者自己观点中的一种话语策略。北京市人民政府外事办公室发布的《40 年，北京的友城"朋友圈"遍布全球》一文，有语篇再现话语策略的体现，例如：

例 13："与东京都的交流合作为北京市提升工业现代化水平做出了重要贡献。"北京市外办副主任李辉说。

例 14：她表示，乌兰巴托过去这些年人口快速增长，道路交通堵塞等方面问题凸显。今年马上进入冬季，将燃烧很多煤炭，空气污染也是一个很大的问题，希望把北京市好的经验带回国，运用到乌兰巴托的城市规划中。

例 15："近年来包括 G20、APEC 等国际多边活动都借鉴了友城经验。比如即将举办的北京 2022 年冬奥会和冬残奥会，我们就大量借鉴了东京、罗马、赫尔辛基等曾举办过奥运会城市的经验。"李辉说。

例 16："我已经多次来中国了，很享受每一次在这里的时光。北京近几年的改变真的很大！移动支付非常方便，维也纳也在研发一款类似的多功能软件。我很希望两座城市能够就科技创新进行更多

的对话。"奥地利维也纳市欧洲及国际事务局项目主管沙德勒说。

例 17：古合蒙自幼热爱中国文化，八年前来到中国成为中国杂技团的首位外籍演员。"我去年参加了在我家乡里约热内卢的'北京之夜'文化演出，并担任主持角色。京剧脸谱、剪纸等中国传统文化艺术精彩纷呈，我深深体会到了中国文化艺术的魅力，感受到中国人民的真挚友谊。"他说。

北京市人民政府外事办公室在其发布的文章中，直接引用了北京市外办副主任李辉（例 13、例 15）、蒙古国首都乌兰巴托市城市标准环境安全监管协调局城市规划专家巴特塞格·巴特楚伦（例 14）、奥地利维也纳市欧洲及国际事务局项目主管沙德勒（例 16）以及中国杂技团首位外籍演员古合蒙（例 17）说的话，通过语篇再现的方式展示了北京市与友城之间的互鉴互促、互融互通。例 13、例 14、例 15 表明北京经验与友城经验的分享与借鉴，城市发展与建设经验的互相借鉴与促进包含交通、环保、科技和体育等多个领域。例 16 和例 17 则主要体现了北京的科技创新与中国传统文化在北京与友城之间的互融互通。北京不仅是国际交往中心，还是文化中心与科技创新中心，国际友人的话呈现中国科技进步与中国传统文化的广泛传播，更体现出我国的科技发展进步与文化自信。

（三）互文性策略

互文（intertextualization）指文本与文本之间的相互联系，文本是对一系列的文本链中文本再现、吸收和转换的结果，[1] 因此，任何特定语境中使用的文本与共时或历时的源文本之间都存在吸收、组合、改写或重写的共现关系——"互文性是话语以固态的文本形式被转写的过程"。[2] 互文性策略的使用形式上可以使语篇连贯，功能上来讲，讲话者可

---

① 赵芃：《"学雷锋活动"历史变迁的话语研究》，南开大学出版社，2017。
② 赵芃：《"学雷锋话语"历史变迁的话语研究》，南开大学出版社，2017，第 27 页。

以通过互文性策略的使用表明自己的观点与立场。① 北京市人民政府外事办公室发布的《40 年，北京的友城 "朋友圈" 遍布全球》一文中，"北京故事" 与 "中国故事"、"北京经验" 与 "中国经验"、"首都圈" 与 "朋友圈" 形成了互文关系。接下来，本文将对这三个互文关系进行分析，进而探讨互文性策略在该话语实践过程中实现的话语功能。

1. "北京故事" 与 "北京经验"、"中国故事" 与 "中国经验"

北京市人民政府外事办公室发布的《40 年，北京的友城 "朋友圈" 遍布全球》一文中，出现的 "北京故事" 与 "北京经验"、"中国故事" 与 "中国经验" 存在隐性互文的关系。② "北京故事" 与 "北京经验" 所在原文为：

> 例 18：近年来，北京市外办打造 "北京周" "北京日" "北京之夜" 等品牌活动，依托这些项目讲述 "北京故事"，向友好城市提供 "北京智慧"。
>
> 例 19：40 年来，北京与友城互相借鉴交流发展经验，加强与友城专业部门对接，与友城政府信息互换、公务员互派，深入调研友城的城市规划与管理、产业发展、重点项目等最新动态，既吸收了世界主要城市的发展经验为我所用，也为各国友城的发展路径提供了 "北京样本" "北京经验"。

原文中 "北京故事" 与 "北京经验" 表达的意思是在与友城互帮互助、互鉴互促、互融互通的交往过程中，北京市要讲好北京故事，向友城提供北京经验。这与 2015 年中华人民共和国国务院新闻办公室发布的文章《怎样讲述中国故事与中国经验》③ 中的 "中国故事" 与

---

① 胡开宝：《中国特色大国外交话语的构建研究：内涵与意义》，《山东外语教学》2019 年第 4 期。

② 赵芃：《 "学雷锋话语" 历史变迁的话语研究》，南开大学出版社，2017，第 26 页。

③ 《怎样讲述中国故事与中国经验》，中华人民共和国国务院新闻办公室网站，2015 年 11 月 27 日，http://www.scio.gov.cn/zhzc/10/Document/1457017/1457017.htm，最后访问日期：2020 年 4 月 9 日。

"中国经验"形成了互文关系。从形式上看,"北京故事"与"北京经验"分别是"中国故事"与"中国经验"的吸收和转换;从意义上看,"北京故事"与"北京经验"分别是"中国故事"与"中国经验"的缩影,借以表达北京市人民政府的观点与立场:"讲好北京故事,传播北京经验",以小见大,表达北京市作为国际交往中心"讲好中国故事,传播中国经验"的责任与担当。

2. "首都圈"与"朋友圈"

北京市人民政府外事办公室发布的《40年,北京的友城"朋友圈"遍布全球》一文中,出现了"首都圈"与"朋友圈"的篇内互文现象,原文为:

例20:近年来,双方就"首都圈"建设、城市精细化管理、大气污染防治等开展了共计24个合作项目。

例21:同时积极扩大"一带一路"友城朋友圈,将更多友城工作资源向"一带一路"国家倾斜。

从例20和例21可以看出,从"首都圈"到"友城朋友圈"的逻辑变化,从北京市与东京都两个首都城市的互帮互助、互鉴互促到"一带一路"友城朋友圈,不仅代表着北京市的发展,也代表中国的发展。在《40年,北京的友城"朋友圈"遍布全球》一文的话语实践过程中,"朋友圈"这个极具中国特色词语的使用,不仅表明了北京市对友城的态度,而且体现了北京市与友城、中国与世界之间的联动关系,也是中国对世界的态度:中国积极发展全球伙伴关系,推进大国协调和合作,秉持正确义利观和亲诚慧容理念,加强同发展中国家团结合作。

（四）话语策略分析小结

通过对北京市人民政府外事办公室发布的《40年,北京的友城"朋友圈"遍布全球》一文中体现的论辩策略、指称策略以及互文性策略等话语策略的分析,发现该语篇通过历史事实、数字的呈现以及有利策略的使用阐述了:（1）北京市与友城之间互帮互助的历史事实;（2）北京市与友城之间互帮互助的结果；（3）北京市与友城之间互帮互助给双方城市发展带来的好处。通过语篇再现策略的使用，从专家以及友城友人的视角展示了北京市与友城之间在城市建设经验方面的互鉴互促，以及科技创新和城市文化之间的互融互通。

通过对文中出现的"北京故事""北京经验"进行分析，发现其与"中国故事""中国经验"之间存在互文的关系，"讲好北京故事，提供北京经验"以小见大，体现的是"讲好中国故事，传播中国经验"的担当。除此之外，"首都圈"与"朋友圈"的篇内互文，更是体现出北京市与友城、中国与世界之间的联动关系，并且北京市与友城之间的互帮互助、互鉴互促、互融互通表明了中国的态度：中国始终把自身发展同全人类的发展紧密联系起来，坚持与国际社会共同发展、合作共赢，在发展中积极与各国建立合作伙伴关系，维护国际公平正义，并积极参与引领全球治理体系的改革和建设，始终做世界和平的建设者、全球发展的贡献者、国际秩序的维护者。

四 北京友好城市形象建构

城市形象是城市给人的印象和感受。通过对北京市人民政府外事办公室发布的《40年，北京的友城"朋友圈"遍布全球》一文中话语策略的分析，发现其赋予了北京市基础设施完善、经济发展迅速、人居环境优美可持续、文化活动丰富的良好城市形象。

首先，在基础设施层面的话语中，《40年，北京的友城"朋友圈"遍布全球》一文通过历史史实呈现出北京市基础设施完善的良好城市形象。20世纪80年代，北京市接受东京都赠送的食品卫生监督车、环卫车和消防车；接纳东京都提供的建筑抹灰技术、照相机关键零件的生产稳定性等技术；在东京都消防厅帮助下，建立了第一所消防学校。北京的基础设施建设不断发展完善，北京还秉承与友城互帮互助的原则，不断向友城提供基础设施硬件方面的帮助以及分享基础设施建设经验。截至目前，已经有非洲埃塞俄比亚，亚洲老挝、印尼、缅甸，欧洲阿尔巴尼亚、白俄罗斯，拉丁美洲哥斯达黎加等地接受了北京市的实物捐赠和基础设施工程项目的援建。在基础设施方面从接受友城支援到主动支援友城建设，北京与友城间互帮互助，保持着真诚而密切的伙伴关系，向友城乃至世界展示了基础设施建设的硬实力。

其次，在城市经济层面的话语中，《40年，北京的友城"朋友圈"遍布全球》一文中客观数字的使用显示出北京市经济发展迅速的良好城市形象。例如，北京市与东京结好以来，双方形成了全方位、多层次、宽领域的友城交往格局；截至2019年6月，北京企业在日本累计直接投资已达1.1亿美元；20世纪90年代，北京通过友城渠道招商引资，先后赴日本、德国、法国、西班牙、巴西、美国、韩国等国举办经贸洽谈会，每次成交总金额均高达数十亿美元；北京市和韩国首尔市自2013年4月成立"北京首尔混委会"合作机制以来，混委会统筹推动双方29个职能部门高效对接，为两市创造了130多个涉及经贸、科技、文化、教育和环保等多领域的合作项目和交流活动，成为首都城市合作的典范；等等。这些都显示出北京市在与友城交往建设过程中，自身经济实力不断增强，并及时帮助友城的良好城市形象。

最后，在城市人居环境层面的话语中，《40年，北京的友城"朋友圈"遍布全球》一文借国际友人之口展现了北京市人居环境优美可持续、文化活动丰富的友好城市形象。"友城汉语班"，城市少年足球邀请赛，北京国际友好城市音乐周，北京市外办打造的"北京周""北京日""北京之夜"等北京友城交流品牌活动的举办，以及首个以城市为主体的国际旅游组织——世界旅游城市联合会的发起和成立，这些项目不仅讲述了"北京故事"，而且向友好城市展现了"北京智慧"。北京市通过与友城之间的互融互通，为北京市民和国际友人创建了优美可持续的城市居住环境，可以让国际友人在充满北京特色、中国特色的文化活动中交流交往。

五 北京友好城市话语建设的启示和建议

从北京市人民政府外事办公室发布的《40年，北京的友城"朋友圈"遍布全球》一文中话语策略及其建构的北京市友好城市形象可以看出，从推动务实合作，到服务国家总体外交，再到积极响应"一带一路"倡议，北京的友城交往在推动中国参与全球治理，构建人类命运共同体方面发挥着日益重要的作用。基于以上启示，对北京友好城市话语建设提出以下建议。

第一，学习国外城市建设与管理经验，继续提高自身的城市形象和国际形象。发达国家城市化起步较早，在城市管理话语方面积累了一定经验，形成了较为成熟的城市管理话语模式，因此，借鉴它们的成功经验可以帮助北京审视自身的城市管理话语，进而完善自身管理话语模式，以展现更好的国际交往中心形象。

第二，作为国际交往中心，加快与国际城市话语接轨，提高国际竞争力。"北京城市国际化"一直是北京市努力发展的方向，经过发展，全球性的国际城市逐渐呈现稳定的状态。在全球化的今天，北京的城市国际化发展充满挑战与机遇。

第三，大力推动与友城间的经贸合作，在推动北京企业"走出去"的同时，吸引更多跨国机构落户北京。经济基础决定上层建筑，北京市作为中国与世界交往交流的中心，要加强与友城之间的经济贸易合作。一方面，要积极推动北京的本土企业走向国际，通过友城渠道不断扎根国际；另一方面，要加强北京市城市管理与规划，吸引更多跨国机构落户北京，在促进各方经济发展的同时，进一步与国际城市接轨。同时，在经贸合作话语方面积极传播北京对外经贸的发展与坚持经贸合作的理念。

第四，加强教育、文化等领域的国际交流和合作，继续打造品牌性文化"走出去"活动，促进文化话语提升。文明因互鉴互融而丰富多彩，在全球化时代，应该不断拓宽文化传播思路、创新文化传播理念，以增强文化的生命力。北京市人民政府外事办公室发布的《40年，北京的友城"朋友圈"遍布全球》一文中北京举办的品牌性文化活动表明：多元、现代的文化符号可以展示完整的、充满活力的北京文化形象。这就启示我们，在文化符号建构与传播的过程中，必须提升中国文化符号的影响力，通过打造中国文化精品、建设品牌性中国传统文化、发展品牌性文化贸易等方式促进中国传统文化"走出去"工作，切实增强中国传统文化的亲和力和影响力。

第五，积极参与国际组织活动、承办或举办国际会议、举办国际性赛事，通过国际组织、国际会议、国际赛事相关话语提升北京国际交往中心话语。中国加入世界贸易组织并筹办第 29 届夏季奥运会，使得北京市大大提升了国际交往能力，加快了国际交往中心建设的步伐。筹办第 29 届夏季奥运会期间，北京市抓住契机，积极发展友好城市关系。这表明北京积极参与国际组织、承办或举办国际会议并抓住机遇举办国际性赛事的过程，不但可以与更多的国际城市建立友好城市关系，更重要的是可以宣传北京市的城市形象、发展理念，以此表明中国的态度：中国始终把自身发展同全人类的发展紧密联系起来，始终不渝走和平发展道路，坚持与国际社会共同发展、合作共赢，在发展中积极与各国建立合作伙伴关系。

六 结语

本文从微观语言的角度分析了对北京市人民政府外事办公室发布的《40 年，北京的友城"朋友圈"遍布全球》一文的话语策略，包括论辩策略、语篇再现策略和互文性策略。分析发现，北京外事话语的话语实践过程建构了北京市基础设施完善、经济发展迅速、人居环境优美可持续、文化活动丰富的良好城市形象。作为国际交往中心，北京市的形象代表着中国的形象，是中国与国际交往的窗口。北京友好城市的建设服务于国家总体外交的需要，故基于《40 年，北京的友城"朋友圈"遍布全球》一文话语功能的启示，本文提出了北京友好城市话语建设的五个建议。但是本文所提建议仅仅是基于微观话语策略的启示，并没有与城市管理、社会学等与城市发展密切相关的学科相结合，希望未来的研究可以弥补这一缺陷。

大兴国际机场报道对国际交往中心形象的话语建构

王 磊 史雁滔*

一 研究背景

在后工业化阶段，空运作为一种快捷的交通方式，对国际交往和经济发展起着至关重要的作用，而机场也在该过程中承载着区域协同发展和优化城市建设的功能。因此，在京津冀协同发展的背景下，大兴国际机场的建设对北京市的城市建设和京津冀地区的发展有着重要意义，同时体现了国家的形象。大兴国际机场从竣工到投入使用，一直广受社会关注，受到了媒体的宣传报道。

新闻语篇通常在舆论引导、传递价值观、构建形象等方面创造社会效益和经济效益，而良好的话语生产可以有效地对国家形象进行建构。[①] 在推动构建"人类命运共同体"的理念下，关于大兴国际机场建设的报道层出不穷，主要聚焦于机场的环境建设以及隐藏的经济辐射功能，这些均表现了城市定位的话语建构，体现了该机场的建设不仅是京津冀协同发展的标志性工程，也发挥着北京国际交往中心功能的承载作用，并从侧面对国家形象进行了塑造。

---

* 王磊，北京第二外国语学院教授，研究方向为话语分析；史雁滔，天津商业大学 2018 级硕士研究生，研究方向为话语分析。

[①] 王立松、崔竞月、陈茜萌：《"一带一路"国内外新闻语篇话语对比分析》，《天津大学学报》（社会科学版）2020 年第 2 期。

梳理以往对城市形象的研究发现，张洪波从城市"媒介意象"着手研究城市形象传播中存在的问题，进而探求全媒体时代城市形象构建和传播策略；① 王勇安和杨忠杨运用民族志和文献研究法，提出短视频能够助力城市的形象建构，弥补其他传播途径中未兼顾的部分；② 杜丹通过对评论的文本分析，发现公众话语在参与社会实践中被重构，不仅与主流文本形成互动，重构了城市的形象，而且通过这种互动实现了自我身份的认同。③ 而关于沃达克（Wodak）话语策略分析也多次被应用于身份和形象建构的话语分析中，克拉里-莱蒙（Clary-Lemon）运用该方法并借助语料库分析了如何通过历史话语口述建构移民身份；④ 赵芃从论辩策略的角度分析了不同历史时期体现的学雷锋活动中的修辞特征和论辩策略；⑤ 黄晓英和杨跃结合该分析方法和网络语料库对中国形象进行分析，以期从话语分析角度探索网络语料库对其影响和意义。⑥ 因此可以看出，媒体报道所塑造的形象对城市宣传起到了重要作用，而沃达克的语篇历史研究方法可以为分析新闻报道文本提供一个新的视角。本文从批评话语分析的角度，试图运用语篇历史研究方法为城市的形象建构提供一个微观视角，以期为北京国际交往中心话语建设提供启示。

二 理论框架与语料收集

批评性语篇分析研究文本结构和社会实践的关系，由于连接二者的中介体不同，因而形成了不同的研究方法。⑦ 沃达克和其研究小组在对

---

① 张洪波：《媒介意象：全媒体视阈下城市形象建构与传播策略》，《现代传播》（中国传媒大学学报）2019 年第 7 期。

② 王勇安、杨忠杨：《移动短视频和城市形象建构传播的关系——以抖音 App 宣传西安为例》，《长安大学学报》（社会科学版）2019 年第 1 期。

③ 杜丹：《镜像苏州：市民参与和话语重构——对 UGC 视频和网友评论的文本分析》，《新闻与传播研究》2016 年第 8 期。

④ Jennifer Clary-Lemon, " 'We're Not Ethnic, We're Irish!': Oral Histories and the Discursive Construction of Immigrant Identity," *Discourse & Society* 21 (2010): 5–25.

⑤ 赵芃：《学雷锋活动中的修辞——基于批评话语分析的论辩策略研究》，《当代修辞学》2015 年第 4 期。

⑥ 黄晓英、杨跃：《基于网络语料库 WebCorp 的话语历史分析》，《外语电化教学》2012 年第 5 期。

⑦ 田海龙：《语篇研究的批评视角：从批评语言学到批评话语分析》，《山东外语教学》2006 年第 2 期。

奥地利社会中存在的关于种族歧视问题的话语实践中，形成了语篇历史研究方法理论。该方法主要从三个维度进行分析：首先确定特定的主题或内容，其次探究语篇中涉及的话语策略，最后研究语言手段以及具体的、基于语境的语言体现。①

语篇是在机构或社团语境下体现权力关系、再现意识形态的一种社会实践形式，而这种社会实践主要表现在不同时间差之间的语言活动，或者参与社会实践留下的文本之间的关联，也即语篇和语篇之间的"互语"关系以及文本与文本之间的"互文"关系。② 另外，语篇历史研究方法更侧重于语言手段在话语实践中产生的意义，③ 而这种语言手段主要体现在所运用的话语策略中，即所指策略、述谓策略、论辩策略、视角化策略以及强化/淡化策略。

2019 年 9 月 25 日北京大兴国际机场正式投运，本文选取《北京日报》2019 年 9 月 26 日关于此次开航报道的头版和"凤凰展翅"专题版块为语料，共涉及 5 个版块 10 篇报道，运用沃达克语篇历史研究方法，遵循确定主题、探究话语策略以及分析语境中的语言体现的三维框架，分析这些新闻报道所使用的话语策略及其对北京国际交往中心的形象构建，从而探讨在城市发展定位和协同发展中所使用的话语策略和意义建构过程，以及新闻报道中所体现的意识形态，从话语的角度为北京国际交往中心建设提供多元化建议，并多方位调动不同组织群体参与国际交往中心建设。

三 研究分析及讨论

（一）历史研究背景

语篇研究方法的特点之一就是将语篇置于特定的历史语境下进行分

---

① Ruth Wodak, "The Discourse-historical Approach," in Tian Hailong and Zhao Peng, eds., *Critical Discourse Analysis*: *Essential Readings*, Nankai University Press, 2012, pp. 226-262.
② 田海龙：《语篇研究：范畴、视角、方法》，上海外语教育出版社，2009。
③ 赵芃：《"学雷锋话语"历史变迁的话语研究》，南开大学出版社，2017。

析。① 因此本文首先从建设大兴国际机场的历史背景入手，探寻机场的建成和北京国际交往中心定位之间的关系。

大兴国际机场是在缓解首都国际机场客流压力的背景下开始筹建，于 2019 年 1 月 22 日圆满完成首次飞行，6 月 30 日正式竣工，9 月 25 日正式投运。该机场旨在发展为大型国际航空枢纽，为一系列国际赛事的举办提供出行保障，推进北京市作为国际交往中心的功能建设；同时形成一个功能齐备的城市副中心，通过成立新的临空经济带等发展贸易，带动京津冀地区的协同发展。因此，大兴国际机场的建设既是京津冀协同发展重大标志性工程，促进北京形成具有国际竞争力的"一市两场"双枢纽机场格局，推动城市国际化发展，是发挥国际交往中心功能的重要载体，是国家发展新的动力源。

在对首都的城市规划建设中，北京国际交往中心的内涵在不同时期有不同的表现。改革开放之初，关于北京国际交往中心的定位实质就是承载和发挥首都的外交功能。而后随着国际贸易和投资的迅速发展以及城市的现代化进程加快，北京的定位经历了从"现代化国际城市"到"世界城市"的转变。随着世界政治经济格局的变化，2017 年北京又确立了"四个中心"城市战略定位，即全国政治中心、文化中心、国际交往中心和科技创新中心，其中国际交往中心的定位不仅可以促进北京城市建设的发展，疏解非首都功能，同时可提高北京市的国际影响力，从而体现国家的发展战略。②

因此，大兴国际机场的建设对于北京国际交往中心的定位具有重要意义，它不仅代表着新的航空枢纽的建成，而且承载着北京作为国际交往中心的战略任务，是国际化进程中的标志性建筑，象征着北京在京津冀发展中的主导地位以及在世界政治格局中国家战略的体现和发展。

（二）互语性分析

费尔克劳（Fairclough）在研究语篇的生产、分配和消费时提出了

---

① Ruth Wodak, "The Discourse-historical Approach," in Tian Hailong and Zhao Peng, eds., *Critical Discourse Analysis: Essential Readings*, Nankai University Press, 2012, pp. 226-262.

② 周鑫宇：《国际交往中心建设的新内涵》，《前线》2018 年第 9 期。

话语秩序（order of discourse）的概念，即有序的语篇生成实践，并在此基础上提出了文本与文本之间的互文关系和语篇与语篇之间的互语关系。①

具体而言，文本与文本之间的互文关系可以通过"所指"作用的词语完成，或是体现在相关主题的重复出现中。在对大兴国际机场正式投运的相关报道出现之前，2019 年北京市政府工作报告中也有大兴国际机场的相关内容。其中在谈及 2019 年主要任务时，北京市市长陈吉宁表示，"2019 年确保北京大兴国际机场如期建成通航，启动临空经济区起步区和综合保税区建设，实现外围交通市政配套同步投入使用"。②这些表述与机场投运的报道"北京'飞'入双枢纽时代"形成互文关系，同时与大兴机场建成通航形成呼应关系。另外，在主题内容方面关于机场的报道，还与 2018 年国家领导人在大兴国际机场调研时的讲话，即"要积极谋划临空经济区和综合保税区建设，充分发挥大兴机场的辐射带动作用"形成互文关系，均强调大兴国际机场的辐射功能，隐含了其正式建成对京津冀一体化发展的作用，同时体现了国家发展的战略意义。从互文的角度来看，关于大兴国际机场的报道与政府工作报告及国家领导人讲话等都形成了互文关系，这体现了国家对该工程的重视程度之高，同时蕴含了机场的建设表明中国将北京建成国际交往中心的战略决策，展现出中国对北京作为国际交往中心的长远规划。通过媒体的正面宣传，相关话语构建了北京作为国际交往中心的形象地位，提高了北京国际交往中心话语的层次，将北京国际交往中心建设的话语具体化。

在大兴国际机场的建设过程中，不同形式的话语也服务于北京国际交往中心话语建设。例如，在政治语篇中，国家领导和北京市领导在调研或讲话中关于大兴国际机场建设的指示，或者政府工作报告中关于大

---

① 田海龙：《语篇研究：范畴、视角、方法》，上海外语教育出版社，2009。

② 陈吉宁：《政府工作报告——2019 年 1 月 14 日在北京市第十五届人民代表大会第二次会议上》，《北京日报》2019 年 1 月 23 日，http://bjrb.bjd.com.cn/html/2019-01/23/content_2144940.htm，最后访问日期：2020 年 4 月 30 日。

兴机场及其周边的变化和发展的展望；在政府语篇中，对机场所辐射的京津冀地区的发展规划；在企业语篇中，国际展会、技术咨询等服务类产业的推销语体；在公众语篇中，也包含了对大兴国际机场在外观、实用性等方面的评价；等等。这些语篇与新闻报道语篇形成了互语关系，同时在新闻报道中杂糅了不同的语篇，例如报道中"旅客梁先生手里挥动着小国旗激动地对记者说：'在万米高空我要大声说，我爱你中国！'"① 杂糅民间话语，将公众对成功乘飞机后的感受穿插在机场正式投运的报道中，通过公众对飞行之后的正面评价和赞美，既能表现公众对大兴国际机场建成的激动和对国家的信任，也能传达民众爱国的情怀，并从侧面支撑大兴国际机场建设的前瞻性和战略性，塑造了有能力、目光长远的国家形象。

总体而言，这些关于大兴国际机场正式投运的新闻报道，不仅与政府报告和领导人讲话等形成了互文关系，还杂糅了企业话语和公众话语等，也形成了互语关系。它们之间形成的互文和互语关系，体现了媒体对政府政策的宣传，展现了大兴国际机场的投运对京津冀协同发展的意义，构建了战略型国家形象并为北京国际交往中心建设的发展指明了方向。

（三）话语策略分析

本文主要从所指策略、论辩策略、视角化策略和强化策略分析《北京日报》关于大兴国际机场正式投运的相关报道，探究媒体话语在国际交往中心建设的社会实践中所体现的话语策略和内涵，从而分析对国际交往中心建设的意义建构过程和价值体现。

1. 所指策略

所指策略又称提名策略，是指通过隐喻等方式将事物划归为组内成员或组外成员，从而构建和再现社会活动。② 这 10 篇报道使用"金凤凰""钢铁凤凰"等来指代大兴国际机场，运用隐喻的方式，将机场的

---

① 《听着"我和我的祖国"一路飞行》，《北京日报》2019 年 9 月 26 日，第 6 版，http://bjrb.bjd.com.cn/html/2019-09/26/content_12420325.htm，最后访问日期：2020 年 4 月 30 日。

② 田海龙：《语篇研究：范畴、视角、方法》，上海外语教育出版社，2009。

形状类比成凤凰，这既象征着民族文化，同时含有"浴火凤凰"之意，暗含着不屈不挠的奋斗精神和坚强的意志。通过这种成员划分的方式塑造了机场坚韧不催的形象，同时与首都国际机场的"东方巨龙"造型形成"龙凤配"，打造国际双枢纽格局，顺应北京国际大都市和国际交往中心的定位。另外，通过"最繁忙的艺术馆"来指代机场，将公共艺术介入建设环节，这对城市的文化发展和传播具有重要意义，在城市发展与文化、文化与社会关系之间形成了互动，促进了城市的内涵发展，也为构建国际交往中心丰富文化内涵和精神文明，从价值取向方面塑造了北京作为中国首都深厚的文化底蕴，也表明北京代表中国国家形象。同时，"龙""凤"的中国传统文化形象表明北京国际交往中心建设是以中国形象丰富世界文化，以中国特色吸引世界关注。

2. 论辩策略

论辩策略是通过不同的论题（topoi）给予社会行为主体正面或负面的特征。① 论题主要有数字、事实、益处、无效等，这些都是由前提和结论组成的惯用语句。下面就具体涉及的相关论题进行分析，讨论由其产生的论辩效果。

第一，以"数字"为论题的惯用语句是指如果这个数字证明了一个特定的论题，那么这个行为就应该实施或者停止执行。② 在这 10 篇报道中，多处出现了"数字"的论题。

例1：航站楼整座屋顶由一个中央天窗、六条条形天窗和八个气泡窗组成，需要用 12800 块不同形状和材质的玻璃拼接而成，玻璃接缝胶黏长度可以环绕北京四环路一圈。③

例2：能看到指廊的终点，旅客就不会着急。到指廊最远端的

---

① Ruth Wodak，"The Discourse-historical Approach," in Tian Hailong and Zhao Peng, eds., *Critical Discourse Analysis: Essential Readings*, Nankai University Press, 2012, pp. 226-262.

② Ruth Wodak，"The Discourse-historical Approach," in Tian Hailong and Zhao Peng, eds., *Critical Discourse Analysis: Essential Readings*, Nankai University Press, 2012, pp. 226-262.

③ 《大机场的"大智慧"》，《北京日报》2019 年 9 月 26 日，第 5 版，http://bjrb.bjd.com.cn/html/2019-09/26/content_12420324.htm，最后访问日期：2020 年 4 月 30 日。

登机口也就约 600 米，步行不到 8 分钟，效率优于世界其他同等规模机场。①

例 3：160 公里的时速、8 分半钟的最小发车间隔、19 分钟运行时间，因为有了地铁大兴机场线，大兴机场与市区之间的通行时间可以缩短至少 40 分钟。②

例 4：新机场将在 2021 年和 2025 年分别实现旅客吞吐量 4500 万人次、7200 万人次；首都机场将在 2020 年至 2025 年实现旅客吞吐量 8200 万人次。两座机场均定位为"大型国际航空枢纽"。③

这些数字客观地展现了大兴国际机场的建设细节、快捷方便以及未来发展任务。从例 1 中五个数字可以看出，大兴国际机场的设计是十分精细的，同时说明建设的难度之大，从而展现大兴国际机场在建设之中的不易。例 2 和例 3 通过数字描述，充分展现了人性化的设计和快捷的登机体验，体现了中国工人的匠心精神，从设计到施工都考虑到了"人"的因素，在建筑设计中展现了北京国际交往中心建设"以人为本"的发展理念。例 4 则是对新机场未来发展的展望，新机场能够作为一个新动力源，带来新的发展机遇，促进京津冀地区的协同发展。这些报道，尤其这些数字使北京国际交往中心话语具象化，有利于具体说明北京国际交往中心建设的益处。

第二，以"事实"为论题的惯用语句是指由于所处的状态就是这样，那么就要采取相关的行动或做出决定。④ 这个论题主要体现在以下句子中。

---

① 《大机场的"大智慧"》，《北京日报》2019 年 9 月 26 日，第 5 版，http：//bjrb. bjd. com. cn/html/2019-09/26/content_12420324. htm，最后访问日期：2020 年 4 月 30 日。
② 《"不到半小时"的距离》，《北京日报》2019 年 9 月 26 日，第 5 版，http：//bjrb. bjd. com. cn/html/2019-09/26/content_12420324. htm，最后访问日期：2020 年 4 月 30 日。
③ 《北京"飞"入双枢纽时代》，《北京日报》2019 年 9 月 26 日，第 8 版，http：//bjrb. bjd. com. cn/html/2019-09/26/content_12420324. htm，最后访问日期：2020 年 4 月 30 日。
④ Ruth Wodak, "The Discourse-historical Approach," in Tian Hailong and Zhao Peng, eds., *Critical Discourse Analysis*：*Essential Readings*, Nankai University Press, 2012, pp. 226-262.

例 5：发展轨道交通是解决大城市病的有效途径，也是建设绿色城市、智能城市的有效途径。北京要继续大力发展轨道交通，构建综合、绿色、安全、智能的立体化现代化城市交通系统，始终保持国际最先进水平，打造现代化国际大都市。①

例 6：完成安检程序，进入候机楼内部，乘客面对的将不再是错杂繁复的迷宫，而是站在中央就能一眼望到头的五条指廊。②

例 7：这样的构型适合京津冀地区的空中运行特点，能够减少飞机空中运行时间和地面滑行距离，有利于提高空地一体运行效率，并减少对周边区域的噪声影响。③

从例 5、例 6 和例 7 可以看出，它们都隐含了事实前提。例 5 表明发展轨道交通能为城市带来益处，从而暗含着大兴国际机场的建成不仅可以缓解首都国际机场输送旅客的压力以及交通拥堵等问题，更可以实现北京的全球中心城市和国际交往中心的目标，同时将改变北京市"北重南轻"的城市格局，以及对京津冀地区的发展起到桥梁、纽带作用。例 6 和例 7，隐含了空间大而可能出现的赶时间或者飞机起飞时产生噪声污染等现实状况，从而优化设计并将这些可能发生的不利因素纳入机场设计的考量，展现了机场合理有序的设计，体现了新机场的人性化理念，也为将新机场建成并连接国际航班提前做了规划，从而满足大都市群的建设需求和发展趋势。这些直面北京国际交往中心建设的具体问题，通过回应具体问题的关切，正面确立北京国际交往中心话语的具体特征和理念。

第三，以"益处"为论题的惯用语句是指如果一个行为在某种情

---

① 《习近平出席投运仪式并宣布北京大兴国际机场正式投入运营》，《北京日报》2019 年 9 月 26 日，第 1 版，http://bjrb.bjd.cn/html/2019-09/26/content_12420324.htm，最后访问日期：2020 年 4 月 30 日。

② 《大机场的"大智慧"》，《北京日报》2019 年 9 月 26 日，第 5 版，http://bjrb.bjd.com.cn/html/2019-09/26/content_12420324.htm，最后访问日期：2020 年 4 月 30 日。

③ 《大机场的"大智慧"》，《北京日报》2019 年 9 月 26 日，第 5 版，http://bjrb.bjd.com.cn/html/2019-09/26/content_12420324.htm，最后访问日期：2020 年 4 月 30 日。

况下是有益的，就应该执行这个行为。① 这个论题在多个报道中均有体现：

> **例 8**：这一重大工程建成投运，对提升我国民航国际竞争力、更好服务全国对外开放、推动京津冀协同发展具有重要意义。②
>
> **例 9**：大兴国际机场配套建设了现代化的立体交通体系，不仅在机场内部实现了公路、轨道交通、高速铁路、城际铁路等不同运输方式的立体换乘、无缝衔接，而且在外部配套建设了五纵两横的交通网络。目前，大兴机场高速、轨道交通新机场线、京雄城际铁路北京段等已同步开通。③

可以看出，大兴国际机场的建设是基于北京作为国际交往中心对未来发展做出的战略决策，除了机场本身的快捷便利，在配套交通设施建设方面也有长远规划，为发展以新机场为核心的经济圈建立坚实的硬件设施，同时可以对城市的布局进行优化，从而疏解非首都功能，促进京津冀地区的联动发展。便捷的交通环境还可以为国际化发展提供机遇，方便国际会议的召开，从而提升北京的国际影响力，为打造国际交往中心提供硬件保障。

> **例 10**：安检通道也引入了人脸识别等智能新技术，旅客从进入航站楼一直到登机口，可以摆脱纸质登机牌，全流程实现自助无

---

① Ruth Wodak, " The Discourse-historical Approach," in Tian Hailong and Zhao Peng, eds., *Critical Discourse Analysis*：*Essential Readings*，Nankai University Press, 2012, pp. 226–262.
② 《习近平出席投运仪式并宣布北京大兴国际机场正式投入运营》，《北京日报》2019 年 9 月 26 日，第 1 版，http://bjrb.bjd.com.cn/html/2019-09/26/content_12420324.htm，最后访问日期：2020 年 4 月 30 日。
③ 《习近平出席投运仪式并宣布北京大兴国际机场正式投入运营》，《北京日报》2019 年 9 月 26 日，第 1 版，http://bjrb.bjd.com.cn/html/2019-09/26/content_12420324.htm，最后访问日期：2020 年 4 月 30 日。

纸化。①

例 11：为响应国家打赢蓝天保卫战的号召，南航在大兴机场70%的场内运行车辆为新能源车；而东航地面服务车辆的新能源占比为47%，其中巴士接驳车和两舱服务车新能源比例更是达到了100%。②

例 12：值得一提的是，作为连接机场的轨道线，大兴机场线列车还充分地照顾到乘客行李存放的需求，今后携带行李的乘客无须再"见缝插针"。③

例 13：大兴机场是为中转而生的机场。④

这些话语充分体现报道的主题——"新机场、新枢纽、新奇迹"，通过简述新机场可以为民众带来的益处，体现新机场的功能和潜在发展。其中例13还通过直接引用大兴国际机场管理中心副总经理的话对机场的发展进行定位，表明在建成大兴国际机场后实现的空中网络交互，从侧面反映了联动首都国际机场形成的双枢纽机场格局，为竞争国际航班提供了技术支持。例11也表明，机场建筑的建设需要遵循北京绿色发展理念并贯彻实施，体现了北京在国际交往中心建设施行过程中全面兼顾，并向公众传达绿色环保的价值观念。另外，通过展现安检、绿色接驳等便捷体验，凸显大兴国际机场不仅能够应对国内航班来往频次，还能够保证国际航班的运行，从而塑造了北京以包容的姿态打造具有国际化标签的国际交往中心城市，为国际经济往来和会议召开提供后勤保障，从而构建了北京国际交往能力的形象，为"四个中心"的建设保驾护航。

---

① 《大机场的"大智慧"》，《北京日报》2019年9月26日，第5版，http://bjrb.bjd.com.cn/html/2019-09/26/content_12420324.htm，最后访问日期：2020年4月30日。
② 《大机场的"大智慧"》，《北京日报》2019年9月26日，第5版，http://bjrb.bjd.com.cn/html/2019-09/26/content_12420324.htm，最后访问日期：2020年4月30日。
③ 《"不到半小时"的距离》，《北京日报》2019年9月26日，第5版，http://bjrb.bjd.com.cn/html/2019-09/26/content_12420324.htm，最后访问日期：2020年4月30日。
④ 《推动世界级机场群形成》，《北京日报》2019年9月26日，第5版，http://bjrb.bjd.com.cn/html/2019-09/26/content_12420306.htm，最后访问日期：2020年4月30日。

第四，以"无效"为论题的惯用语句是指如果不能达到预期目标，或是其他的政治主张能够达到预期的效果，那么之前的行动就应该取消①。语篇中体现该论题的语句如下：

> **例 14**：而在国际航班到达方面，以往，旅客从国外的飞机下来，取完行李后，需要进入海关监管通道，排队搬箱过机检查，平均每名旅客通关时间在 5 到 7 分钟。北京大兴国际机场海关首次在行李检查区全面配备了新型高速 CT 检查设备，可使旅客等待时间压缩一半。未来，绝大多数旅客入境时可实现"无感通关"，即"免排队、免搬箱、免过机、零等待"。②

在例 14 中，与过去通过海关的流程和时间进行对比，体现当前大兴国际机场所使用技术的先进和承载国际物流、人流的能力，展现机场具有的国际竞争力，从而为北京的国际化发展提供保障。

利用论辩策略，分析报道中所涉及的四个论题，可以看出在新闻语篇中实质上有大量以"益处"为论题的话语策略，这意味着新闻媒体对大兴国际机场的优点和国际化能力的强调，不仅能凸显新机场的国际风范，展现中国工程建筑的雄厚力量和工人的匠心精神，更重要的是可以体现中国推动北京作为国际交往中心的战略眼光和坚定决心，从而也构建了北京作为国际大都市的形象，同时说明北京具有成为国际交往中心的能力。

3. 视角化策略

视角化策略，又称框架化或语篇再现，是通过报道、描述或转述事件或言语的过程，表述语篇的内容或表达其对语篇的看法，③ 讲话者可

---

① Ruth Wodak, "The Discourse-historical Approach," in Tian Hailong and Zhao Peng, eds., *Critical Discourse Analysis：Essential Readings*, Nankai University Press, 2012, pp. 226-262.

② 《大机场的"大智慧"》，《北京日报》2019 年 9 月 26 日，第 5 版，http：//bjrb. bjd. com. cn/html/2019-09/26/content_12420324. htm，最后访问日期：2020 年 4 月 30 日。

③ Ruth Wodak, "The Discourse-historical Approach," in Tian Hailong and Zhao Peng, eds., *Critical Discourse Analysis：Essential Readings*, Nankai University Press, 2012, pp. 226-262.

以选取不同的视角把自己的观点和这些语言手段相融和。① 这个策略通常运用指示词、直接引语、间接引语或隐喻等来实现。② 这一策略在《新机场将成"最繁忙艺术馆"》中具有直接体现。

例15：艺术家们建议，人文机场的营造需采用"艺术+交互""艺术+功能""艺术+计划""艺术+平台"的方式，让新机场充满人文关怀，拥有多元的艺术表现形式，也使博物馆与机场空间、建筑紧密结合，成为既反映传统文化又注重人文精神的一张国家名片。③

例16：这组作品由王中、靳海璇设计，艺术家以此暗喻：北京是中国的"窗口"，而新机场是北京的"窗口"，承载着非同凡响的历史意义与时代价值。④

例17："机场公共艺术的创作，不是要把现成艺术作品搬进机场，而是要让作品和机场的人、环境发生关系，反映人的心态和环境的变化。"费俊说，眼前的这幅作品可不是一部循环播放的动画片，画面中的飞鸟、植物都在实时与人、天气、机场互动。⑤

例18：指廊是航站楼内的重要通道，巨大天窗带来的强光照射有时会让人产生不适感。马浚诚、张默一两位艺术家创作的遮掩动态装置《花语》，可以让弹力纤维织物组成的花朵，根据日照变化和音乐调整开合度，既可以调节光线，也可以在半空中做出优美

---

① 田海龙：《语篇研究：范畴、视角、方法》，上海外语教育出版社，2009。

② Martin Reisigl & Ruth Wodak, "The Discourse-historical Approach (DHA)," in Ruth Wodak & Michael Meyer, eds., *Methods of Critical Discourse Analysis* (2nd Edition), Peking University Press, 2014, pp.87–121.

③ 《大型公共场所将更重人文重生活》，《北京日报》2019年9月26日，第7版，http://bjrb.bjd.com.cn/html/2019-09/26/node_7.htm，最后访问日期：2020年4月30日。

④ 《央美美术馆将在新机场开分馆》，《北京日报》2019年9月26日，第7版，http://bjrb.bjd.com.cn/html/2019-09/26/node_7.htm，最后访问日期：2020年4月30日。

⑤ 《央美美术馆将在新机场开分馆》，《北京日报》2019年9月26日，第7版，http://bjrb.bjd.com.cn/html/2019-09/26/node_7.htm，最后访问日期：2020年4月30日。

的集群运动。①

指示词是视角化策略的直观体现。在这些报道中，诸如"大兴国际机场""新机场"等词反复出现，主要是让读者习惯该新机场的命名，实质也是为机场的开航进行宣传。同时在报道中常出现"京津冀地区"，表明该机场的建设与周边地区的发展形成纽带，这也可以从后期对临空经济区的报道和制度创新清单发布会进行关联，其为跨境出口、电子商务等方面的发展搭建了更为完善的基础设施平台，有力推进北京服务业的发展。

同时，通过艺术展出中的隐喻，比如"舷窗"的设计、指廊的艺术装饰等展示机场中的人文建设和中华民族的文化精神。在例 16 和例 18 中，报道也通过解释艺术设计的文化理念，向读者传达机场建设中蕴含的中国文化内涵和价值观念。另外例 15 和例 17 中分别运用间接引用和直接引用的方式，对他人观点的描述，实质隐含了讲话者自身的立场和评价，② 表明机场的艺术作品结合及传统文化与现代理念。

通过对视角化策略的分析，可以看出大兴机场的建设体现了中国传统文化与现代文化的交融，从而体现了北京国际交往中心建设将结合中国传统文化，同时体现中国经济发展和与时俱进、与世界共同的文化创新和发展，也体现了北京国际交往中心建设是在现代科技、现代理念基础上对中国传统文化的传承和发扬。这不仅是国际交往功能中硬件设施的宣传话语，同时也是对文化软实力进行传播，为北京国际交往中心话语提供保障。这篇机场文化建设的报道，将公众话语与新闻话语进行杂糅，从而体现对于机场文化建设的思虑，通过话语互动的方式向机场乘客和报纸读者进行传播，让读者和乘客在无形中了解北京国际交往中心的文化精神。

---

① 《央美美术馆将在新机场开分馆》，《北京日报》2019 年 9 月 26 日，第 7 版，http：//bjrb. bjd. com. cn/html/2019-09/26/node_7. htm，最后访问日期：2020 年 4 月 30 日。

② Geoff Thompson, *Introducing Functional Grammar*, Foreign Language Teaching and Research Press，2008，p. 97.

4. 强化策略

强化策略主要通过加强话语所产生的意义作用，来改变讲话者对事实的认知程度。[1] 主要体现在：

例 19：跟伦敦、纽约、巴黎、东京等超大城市一样，北京也跃入双枢纽时代。[2]

例 20：大兴国际机场体现了中国人民的雄心壮志和世界眼光、战略眼光，体现了民族精神和现代水平的大国工匠风范。他希望广大建设者在新的征程上再接再厉、再立新功![3]

大兴国际机场的正式投运，标志着北京的"一市两场"双枢纽格局为机场区域自由贸易片区的发展提供动力，从而促进北京国际交往中心建设，构建北京全面发展、国际化的城市形象。同时在例 20 中，通过认同型关系过程，[4] 用机场的成功投运来彰显中国人民的工匠精神和中国的战略眼光，同时体现了中华民族的伟大复兴，体现了中国人民不断创新的民族精神，强调了中国持续发展的原动力是人民，北京国际交往中心建设也必将进一步促进人民生活水平的提升，从而构建以人为本、战略性、专业性的北京国际交往中心话语，新机场的运行给北京国际交往中心建设带来机遇，并且对发展"一带一路"倡议和推动人类命运共同体的建设提供可靠优良的环境。

通过对强化策略的分析，可以看出语篇通过强化语言形式，如利用

---

[1] Martin Reisigl & Ruth Wodak, "The Discourse-historical Approach (DHA)," in Ruth Wodak & Michael Meyer, eds., *Methods of Critical Discourse Analysis* (2nd Edition), Peking University Press, 2014, pp. 87–121.

[2] 《北京"飞"入双枢纽时代》，《北京日报》2019 年 9 月 26 日，第 8 版，http://bjrb.bjd.com.cn/html/2019-09/26/content_12420324.htm，最后访问日期：2020 年 4 月 30 日。

[3] 《习近平出席投运仪式并宣布北京大兴国际机场正式投入运营》，《北京日报》2019 年 9 月 26 日，第 1 版，http://bjrb.bjd.com.cn/html/2019-09/26/content_12420324.htm，最后访问日期：2020 年 4 月 30 日。

[4] Geoff Thompson, *Introducing Functional Grammar*, Foreign Language Teaching and Research Press, 2008, p.97.

重复词语、限定性词语、评价性词语等，来体现报道对事件的正面性评价，同时通过对新机场建成的评述，指向北京国际化发展的趋势，加强北京国际交往中心建设，塑造了北京国际交往中心建设规划有序，谋定而动，具有战略眼光的责任形象。

四　结语

本文通过分析 2019 年 9 月 26 日《北京日报》关于大兴国际机场正式投运后的报道，探究了新机场投运话语在北京国际交往中心建设社会实践中所运用的所指、论辩、视角化和强化的话语策略，同时研究了新机场建设的历史背景，以及报道中所涉及的互文关系和互语关系，发现了话语在两个方面进行了形象构建，下面就分别从国际交往中心形象和国家形象构建进行简要梳理。

（一）建构国际交往中心形象

研究发现，报道主要使用论辩策略来建构国际交往中心形象。其中通过所指策略来展现大兴国际机场的外观设计，展现了新机场欣欣向荣、蓬勃向上的发展势头。文中还多采用"益处"论题，通过表现新机场的便捷、迅速、与轨道交通之间的快速衔接，以及预计开通多条航班，体现了机场强大的承载能力以及与其他国家实现互联互通的作用，构建了北京作为国际化通道的形象，从而为北京国际交往功能提供载体。另外，通过互文关系和互语关系分析，可以发现不同语体在社会实践中的互动，从而体现北京的城市规划发展方向，体现了新机场作为疏解非首都功能的载体和在京津冀协同发展中的纽带作用，为北京城市空间格局建设和国际化转向提供了动力，从而使国际交往中心的形象得以建构。

（二）塑造以人为本、长远性、战略性的国家形象

除上述作用，新闻话语还通过视角化的话语策略，将文化理念嵌入机场的艺术设计，并通过媒体话语进行表现。通过直接引语、间接引语或隐喻的方式转变为讲话者自身的观点，并渗透到公众的价值观念中，从而塑造了一个文化底蕴深厚、人性化的国家形象，并通过媒体的传播

构建了北京作为国际交往中心的形象。另外，在互文关系中也体现了舆论引导，将优化北京发展格局和京津冀协调发展等理念嵌入不同语体，充分利用传播技术在不同话语中获得认可和肯定，从而提高话语对社会实践的建构。

大兴国际机场的建设对北京国际交往中心建设、缓解北京城市交通拥堵问题、京津冀协同发展等方面具有重要意义。特别是在国际交往中心建设中，新机场的正式投运象征着北京成为世界城市的趋势，形成的环机场商业圈和临空经济带不仅可以拉动周边地区的经济发展，还可以完善北京的基础设施建设，改善北京作为国际交往中心的经济环境，并吸引高素质人才的聚集，从而打造北京国际化的市场环境，有利于承接并举办大型国际会议和展会。在加快北京自身发展的同时，带动区域发展，体现北京国际交往中心建设的战略意义。

冬奥会对北京国际交往中心
话语建设的启示

王　磊　王文文*

一　引言

2022 年北京冬奥会的成功申办是奥林匹克精神与中国文化的完美结合，也是中国走向世界舞台的进一步延伸。北京作为中国的政治中心、文化中心，在冬奥会的契机下，可以积极发挥国际交往中心功能，优化城市布局，充分利用科技资源，创新发展话语建设，不断加强国际交往中心话语建设。

二　国际交往中心与冬奥会协同发展的关系分析

2014 年，习近平总书记在视察北京时发表关于北京城市建设的重要讲话，指出北京要坚持和强化首都政治中心、文化中心、国际交往中心和科技创新中心的核心功能，国际交往中心是《北京城市总体规划（2016 年—2035 年）》提出的北京城市战略定位之一。① 北京作为 2008

---

* 王磊，北京第二外国语学院教授，研究方向为话语分析；王文文，北京第二外国语学院 2019 级硕士研究生，研究方向为话语分析。

① 《北京城市总体规划（2016 年—2035 年）》，北京市人民政府网站，2017 年 9 月 29 日，http://www.beijing.gov.cn/gongkai/guihua/wngh/cqgh/201907/t20190701_100008.html。

年夏季奥运会的举办地，将城市发展理念与"人文奥运、科技奥运、绿色奥运"的奥运理念紧密结合，提出了"人文北京、科技北京、绿色北京"的城市发展战略，以真实立体的城市形象向世界阐释了奥运精神，展现了中国特色大国外交理念。2022年冬奥会申办成功，北京再次成为国家外交主场，在平昌奥运会的闭幕式上，国家主席习近平向亿万中国人民，向世界发出邀请——相约北京。这充分展示了北京作为国际交往中心的首都特色，凸显了冬奥会将世界各国再次集聚北京的重要作用。

（一）有利于北京借力冬奥会建设具有全球影响力的国际城市

北京作为一国之都，需要准确定位国际交往中心是城市的基本功能，需要利用首都发展优势，积极承担外事活动和公共外交服务责任，这体现了城市的国际分工日趋明确、细化。同时，城市经济发展可以对全球经济发展格局产生重大影响，城市在国际交往舞台上的作用明显增强。作为国家政治中心，北京不断深化对外开放层次和外事服务功能。北京已有的外事活动机构众多，如建交国大使馆和领事馆，特殊关系国的办事处以及常设外交机构，在京常驻外国机构，如驻华使馆、外国新闻机构等。越来越多的政府间国际组织也在北京建立总部，到2019年1月，北京设有上海合作组织、联合国可持续农业机械化中心（CSAM）、国际数字地球学会（ISDE）、亚洲基础设施投资银行（AIIB）、国际竹藤组织（INBAR）等国际组织的办事机构。此外，外商投资企业等数量也不断增多。① 与此同时，北京作为有着较强外交能力的国际交往城市，是多次外事活动和国际性会议的举办地，如亚信非政府论坛、亚太经合组织第二十二次领导人非正式会议、"一带一路"高峰论坛、中非合作论坛、2019年中国北京世界园艺博览会、北京国际设计周等。除此之外，北京还与各大洲缔结了一大批友好城市，截至2019年10月，

---

① 《大国崛起：总部设在中国的7个国际组织，这是中国国际影响力象征》，搜狐网，2019年1月10日，https://www.sohu.com/a/288039609_100007729。

已与 55 个城市建立了市级国际友好城市关系。① 北京在坚持贯彻国家外交政策，促进城市之间的友好往来中发挥着独特的作用。设立外交机构、入驻国际组织、缔结友好城市、举办国际性会议，是北京对"共商、共建、共享"全球治理理念的最好回应，也是北京国际城市发展的新路径。

2022 年冬奥会的举办对于促进北京城市发展具有重大意义。借力冬奥会，北京能够进一步深化城市定位，明确城市发展方向，强化具有城市特色的国际交往能力，向世界充分展现城市外交魅力，提高城市在世界的集聚和吸纳能力，吸引世界具有影响力的国际组织和民间机构入驻，加深与其他国际城市的友好往来，增强国际外事活动服务能力，建设面向未来的具有影响力的国际城市。

（二）有助于吸引冬奥会参赛国家深化国际交往中心的功能

北京是一座有着悠久历史的文明古都，是世界上拥有世界文化遗产数最多的城市，其深厚的文化底蕴与国际交往中心城市的建设相辅相成。北京以丰富的文化旅游资源和开放包容的东方特色文明吸引着世界各国人民的到来，如彰显六代都城特色的传统建筑——皇家建筑、北京城墙、北京胡同、四合院和庙宇，京味十足的中国国粹——京剧等。同时，作为首都，科技创新也是推动城市发展的重要动力，北京集聚世界高端企业和高端科技人才，开展大量国际学术活动，与众多国家进行科技交流，成为全国最大的科学技术研究基地，有中国科学院、中国工程院等科学研究机构和号称中国硅谷的北京中关村科技园区，每年获国家奖励的成果占全国的1/3，并且1998 年以来，每年都成功举办以高新技术产业为主题的大型国际活动，② 以全国科技创新中心的功能定位推动国际交往中心建设。除此之外，北京作为全国最大的国际国内中转地，兴建了具有超大型国际航空综合交通枢纽功能的大兴国际机场，促进国

① 《市级友好城市（更新至 2019 年 10 月 9 日）》，北京市人民政府外事办公室网站，http://wb.beijing.gov.cn/home/yhcs/sjyhcs/201912/t20191230_1544981.html。

② 《北京市》，中国社会科学网，2018 年 9 月 30 日，http://ex.cssn.cn/zhcspd/zhcspd_csyl/201809/t20180930_4664177.html。

际交往的便捷联系，有利于北京作为国际交往中心在经济、文化等方面的深层次发展。

2022 年冬奥会是参赛国家与中国进行密切交往的重要平台，也是深化北京国际交往中心功能的必要载体。在冬奥会的契机下，北京能够实现国际城市形象的再次传播，寻找积极的城市认同，以吸引城市文明交流和国家友好往来。2022 年北京冬奥会以"绿色、共享、开放、廉洁"为理念，以"纯洁的冰雪，激情的约会"为愿景，旨在吸引世界各国前来参赛，北京作为举办地，为怀揣着同一个奥林匹克梦想的人搭建中国特色桥梁，让中国特色冬季运动遍及全球，使同一个世界的不同国家相融相知，共同发展。[①]

三 国际交往中心与冬奥会协同发展措施

第一，提高城市主动服务国家对外交往的能力，推进北京国际交往中心话语与冬奥会话语协同发展。作为 2022 年冬奥会的举办地，北京积极参与奥运建设既是应有的责任，也是应尽的义务，因此北京要从提升外交服务功能出发，打造规范、全面的外交资源平台，积极建立对外友好交流机构，着力培养外语人才，打造"北京"特色品牌，为增强国际城市影响力营造良好环境。虽然众多国际组织总部已在北京设立，但具有较大影响力的国际组织和国际会议仍为数不多，[②] 因此为促进国际交往中心的进一步发展，北京要积极主动地借冬奥会统筹国内和国外两种资源，兼顾政府和非政府两种形式，寻找与世界各国合作的机会，吸引更多国际组织入驻，增加举办大型国际会议的次数，与参赛国进行友好交流，创办具有世界吸引力、独具北京特色的节庆活动。借力冬奥会，加强与全球冰雪城市的优势互鉴，创新体育比赛举办模式，打造特色体育品牌，以体育活动助力文化交流、金融合作、科技发展及城市形象的塑造。在此过程中，冬奥会的话语传播要与北京国际交往中心话语

---

① 《愿景》，北京 2022 年冬奥会和冬残奥会组织委员会网站，https://www.beijing2022.cn/cn/aboutus/vision.htm。

② 刘波：《北京国际交往中心建设的现状及对策》，《前线》2017 年第 9 期。

协同发展，提高北京承办国际赛事的能力、承载重大国际活动的人文包容精神以及发挥北京独有的魅力，使冬奥会话语加深北京独具魅力、现代化的国际交往中心形象话语。

第二，借力冬奥会话语，进一步提升北京国际交往中心绿色发展话语。借力冬奥会，北京会完善城市基础设施，打造功能全面、资源齐全、管理规范、便捷高效的城市服务系统和国际化社区，为外籍人士提供便利的旅游、教育、就医等方面的服务。同时，北京将会优化城市空间布局，将使馆区的定位进一步深化，利用各国大使馆入驻的优势，与对外交往的经济、文化、科技等功能紧密结合，充分利用奥运场馆的功能，打造全民参与的体育品牌活动。通过对原有制约城市国际交往中心功能的建筑进行重新规划，来解决商业功能集中区在城市整体规划中占比过大、商业娱乐活动过于集中，导致商业区域交通量过大的问题。近几年，虽然首都硬环境大大改善，但影响城市形象的软环境时常出现问题，如环境污染问题、交通拥堵问题、高峰时期人流拥堵问题以及资源利用率低的问题。[①] 在"绿色奥运"的奥运理念下，冬奥组委选择老工业园区——首钢筒仓区作为办公区，这既符合奥运的文化追求，也体现了北京节俭办奥的理念，因此北京可以采取老工业区重新利用、工厂外迁等措施提高资源利用率，缓解环境污染问题。在冬奥会话语的推广中，要强调"绿色发展"的城市理念，强调北京环境的变化和发展理念的变化，支撑北京国际交往中心话语强调北京的"绿色""宜居""现代"的话语。

第三，充分利用全球科技创新资源，以科技创新话语推动国际交往中心话语建设。当今世界，科技创新是城市和国家发展的重要驱动力，是发展城市经济和创新城市格局的重要组成部分。"北京8分钟"在2018年平昌奥运会闭幕式上向世界发出邀约的同时，也展现了科技中国的新形象，如智能机器人、快速发展的高铁影像、遍布世界的"中国桥梁"、"中国天眼"和未来中国空间站，这些都是中国的"科

---

① 刘波：《北京国际交往中心建设的现状及对策》，《前线》2017年第9期。

技名片"。① 在冬奥会的契机下，北京作为举办地，要提升国际科研能力，在城市发展中融入更多的科技元素，以积极的姿态融入世界创新网络，加强与世界各个国际城市的合作共享，搭建城市科技创新合作平台，推出优惠政策以增强对跨国机构和科技人才的吸引力，努力为城市发展加入新的科技创新点，让世界看到发展在前沿的北京。以冬奥会为契机，强调北京作为国际交往中心话语的科技创新和人才集聚优势。

第四，加强城市文化建设，建设具有丰富文化内涵的国际交往中心话语。北京作为文化古都，在冬奥会筹备和举办期间，应该充分发挥文化中心的功能，紧跟时代潮流，利用线上与线下相结合的方式，结合隐性和显性的形式，做好文化的对外传播，创建好北京文化品牌。结合冬奥会的筹办，北京开展了"相约 2022"冰雪文化节，充分利用城市资源开放冰场，着力引进冰雪体育运动，将体育文化与北京特色文化相融合，赋予体育更多的文化内涵，宣传体育理念和价值观，发展具有北京特色的体育文化产业，以奥运文化和奥运精神为凝聚力，深度挖掘北京与冰雪的故事，让北京"走出去"。在面向全球招募 2022 年冬奥会志愿者之际，积极引进国际人才，增大国际语言普及率，加大汉语推广力度，提高市民教育素质，为国际化发展打好坚实的基础，丰富文化多样性，促进世界文化与中华民族文化的交融，建立有多样文化内涵的国际交往中心。以冬奥会为契机，推广北京作为中华文明古都和现代文明城市的国际交往中心话语。

四 结语

2022 年，北京冬奥会的成功申办不仅限于筹办体育赛事的范围，而且必将在北京城市发展、推进城市软硬环境建设、促进科技创新、建立文化多样性、拉动城市经济快速发展方面起到重要作用，为北京的再一次跨越式发展带来机遇。同时，也必将为北京继续扩大国际交往做出

① 《"北京 8 分钟"文艺表演阐释》，北京 2022 年冬奥会和冬残奥会组织委员会网站，2018 年 2 月 25 日，https：//www.beijing2022.cn/a/20180225/012654.htm。

强势准备，正如习近平总书记对"一带一路"的生动比喻："一带一路"建设不是中国一家的独奏，而是沿线国家的合唱。① 2022 年冬奥会不是中国一国的赛事，而是全世界共同的盛大赛事。因此，冬奥会话语要着眼于塑造和丰富北京国际交往中心话语中"一个世界，多样文明"的理念，使冬奥会话语与国际交往中心话语协同发展，创新对外传播方式，打造立体的国际交往中心话语，丰富国际交往中心话语内涵，为北京国际交往中心话语中"绿色""宜居""科技""创新""人文""独有中国文化"等话语提供支撑。

---

① 《习近平："一带一路"建设不是中国一家的独奏 而是沿线国家的合唱》，国务院新闻办公室网站，2016 年 1 月 15 日，http://www.scio.gov.cn/ztk/wh/slxy/gcyil/Document/1464828/1464828.htm，最后访问日期：2020 年 4 月 30 日。

冬奥会申办陈述对北京国际交往
中心形象的话语建构

王 磊 黄 丹*

一 引言

2017 年 9 月，《北京城市总体规划（2016 年—2035 年）》的发布，落实了北京的城市战略定位，即政治中心、文化中心、国际交往中心、科技创新中心，发挥向世界展示我国改革开放和现代化建设成就的首要窗口作用，努力打造国际交往活跃、国际化服务完善、国际影响力凸显的重大国际活动聚集之都。① 2018 年 7 月，清华大学中国新型城镇化研究院根据建构的指标体系，对近年来北京建设国际交往中心的发展进程进行量化评估，指出北京市国际交往中心建设在国家外交的服务保障、国际科技文化、国际高端资源、国际服务环境、基础设施对外交往承载力等方面不断发展。同时，通过与纽约、东京、巴黎等国际交往中心城市进行比较，研究者发现，北京在国际交往中心建设的过程中存在已建立的友好城市及举办的大型国际会议数量领先但全球的政治话语权偏弱，在全球经济方面具有较强的影响力但营商环境尚待改善，拥有世界级的文化教育资源但对国际人才的吸引力

* 王磊，北京第二外国语学院教授，研究方向为话语分析；黄丹，天津商业大学 2018 级硕士研究生，研究方向为话语分析。
① 《北京城市总体规划（2016 年—2035 年）》，北京市人民政府网站，2017 年 9 月 29 日，http://www.beijing.gov.cn/gongkai/guihua/wngh/cqgh/201907/t20190701_100008.html，最后访问日期：2020 年 4 月 27 日。

偏弱等方面的不足。①

实际上，中国的一些研究者对国际交往中心的建设和不足给出了一定的建议。刘波指出，"国际交往中心就是要承担重大外交外事活动，服务国家开放大局，面向世界展示我国改革开放和现代化建设成就"；②北京推进国际交往中心功能建设领导小组组长蔡奇强调，要努力打造国际交往活跃、国际化服务完善、国际影响力凸显的国际交往中心；③ 清华大学中国新型城镇化研究院借鉴纽约、东京、巴黎等国际交往中心城市的经验，提出了五条政策建议，其中第三条是"提升北京的国际知名度和国际影响力"。

综上，北京在国际交往中心建设中存在的"全球的政治话语权偏弱""吸引力偏弱"等问题，可以通过"向世界展示中国成就"、"提升国际知名度和国际影响力"和"提升国际交往活跃度"等举措加以解决。正如刘波指出，当前，北京国际交往中心建设作为深化落实首都城市战略定位的重要内容，正面临新的形势和新的要求。④ 然而，因北京提出建设国际交往中心的时间较短，国内目前相关的研究比较少，研究领域也比较狭窄，研究人员主要集中在北京市社会科学院外国问题研究所的刘波、清华大学中国新型城镇化研究院，以及北京外国语大学国际关系学院的周鑫宇等。⑤ 亟须拓展相关的研究，如关于北京国际交往中心话语权和吸引力的提升等。其中，城市国际形象是一个城市作为国际中心展现自我的有力途径，如巴黎是世人心中著名的时尚与浪漫之都，罗马的古典艺术之都形象深入人心，维也纳则是久负盛名的音乐之

---

① 《北京距离国际交往中心还有多远？》，清华大学中国新型城镇化研究院微信公众号清华城镇化智库，2018 年 7 月 11 日，https://mp.weixin.qq.om/s/od-fQlp72TYFqMnn4YcDzw，最后访问日期：2020 年 3 月 27 日。

② 刘波：《2018 国际交往中心与"一带一路"倡议协同发展的战略措施》，《前线》2018 年第 3 期。

③ 《努力打造国际交往活跃国际化服务完善国际影响力凸显的国际交往中心》，《北京日报》2019 年 9 月 4 日，第 1 版。

④ 《刘波：全面推进北京国际交往中心建设》，宣讲家网，2018 年 7 月 18 日，http://www.71.cn/2018/0718/1009794.shtml，最后访问日期：2020 年 3 月 27 日。

⑤ 周鑫宇：《国际交往中心建设的新内涵》，《前线》2018 年第 9 期。

都，这些国际大都市的城市形象都非常突出，给人非常深刻的印象。也可以说，这些城市与固定的城市话语联结在一起。

话语指的是语言在社会语境中的运用，生活中人们根据自己的社会地位、交流对象、所在场合以及各自依托的机构，选择使用不同的词语、句式、体裁和模式传播信息、参与活动、建构身份、再现现实和社会活动。① 由此，话语对个人及机构的形象和社会实践活动等具有重要的传播作用。北京申办 2022 年冬奥会的成功，也是北京能够承担国际交往中心责任的证明。而北京申办 2022 年冬奥会的演讲陈述，作为申办冬奥会成功的关键部分，表明了话语的重要作用。申奥成功也证明关于北京形象的话语建构比较成功，并且申奥陈述会进一步加深了北京在国际友人心中的正面形象。因此，本文对北京 2022 年冬奥会申办演讲陈述词文本进行分析，探究冬奥会申报演讲陈述建构的北京形象，以期获得北京国际交往中心话语建设理念、方法和策略的启示。

二 研究方法和语料

2022 年 2 月 4 日至 2022 年 2 月 20 日，冬季奥运会将在中华人民共和国北京市和河北省张家口市联合举行。这是中国历史上第一次举办冬季奥运会，北京、张家口同为主办城市。在申奥过程中，参加北京 2022 年冬奥会申办的演讲人的陈述起了非常大的作用。该陈述稿经过数轮打磨修改，力争每一处表述都精准到位。2015 年 7 月 31 日，国际奥委会委员依次听取了四个城市的陈述，下午进行不记名投票表决，由国际奥委会委员公布投票结果。② 最终，北京获得了 2022 年冬奥会的举办权。这次陈述对冬奥会申办成功具有决定性作用，不仅向全世界展示了北京举办国际体育赛事的实力和信心，也体现了中国进一步赢得国际社会的尊敬和信任。

① 田海龙：《批评话语分析：阐释、思考、应用》，南开大学出版社，2014，第 10 页。
② 《2022 年冬奥会举办城市今日选出 刘延东领衔陈述》，人民网，2015 年 7 月 31 日，http://world.people.com.cn/n/2015/0731/c1002 - 27389049.html，最后访问日期：2020 年 3 月 27 日。

话语策略（Discursive Strategy）作为语篇历史研究方法（Discourse-historical Approach，DHA）的一个重要阶段，指人们为了达到某种社会、政治、心理或语言修辞的目的而采取的一系列话语行为，[①] 包括五种类型：所指策略或提名策略（nomination strategy）、述谓策略（predication strategy）、论辩策略（argumentation strategy）、视角化策略（perspectivization strategy）、强化/淡化策略（intensification or mitigation strategy）。其中，论辩策略是语言使用者在证明或者质疑某些声明的真实性和正确性时所采取的一些逻辑推理方法。[②] 论辩策略主要指演讲者通过一系列由前提和结论组成的惯用语句（topos）证实命题的正面性或负面性，引导听众对论题（topoi）进行逻辑判断，以达到说服的目的。论辩策略涉及的辩题主要包括：有用/有利，无用/无利，定义，危险或威胁，羞辱，公正，责任，累赘，财务，事实，数字，法律和权利，历史，文化，滥用。以下将对北京2022年冬奥会申办演讲陈述词所用的论辩策略进行分析，探究其如何运用论辩策略建构了北京和中国的话语形象，促成了2022年冬奥会在中国的举办，并从中获得北京作为国际交往中心话语形象建构的理念和话语策略。

三　北京2022年冬奥会申办陈述词的话语策略分析

北京2022年冬奥会申办陈述词对北京形象和国家形象都进行了一定的话语建构，下面将探究该陈述词如何运用话语策略建构北京形象，以及申奥话语建构的北京形象对北京成功申请冬奥会的作用。

（一）北京形象为主：提升自身的话语形象

北京2022年冬奥会申办陈述词主要对益处、数字和历史三个论题进行论证，对北京的形象进行话语建构并成为促成2022年冬奥会在北京举行的关键因素。

---

① Ruth Wodak, "The Discourse-historical Approach," in Tian Hailong and Zhao Peng, eds., *Critical Discourse Analysis: Essential Readings*, Nankai University Press, 2012, pp. 226-262.
② 赵芃：《学雷锋活动中的修辞——基于批评话语分析的论辩策略研究》，《当代修辞学》2015年第4期。

1. 益处

以"益处"为论题的惯用语句是指如果特定视角下的行为是有用的，那么就应该使这种行为发生。[①] 在该陈述词中，"益处"体现为北京举办 2022 年冬奥会对中国及世界现在和未来发展的好处，因此，2022 年冬奥会应该在北京举办。例如：

例 1：2022 年冬奥会若在北京举办，将直接<u>带动</u> 3 亿中国人特别是青少年参与冰雪运动，将<u>推动</u>冬季运动在中国这个世界上人口最多国家的广泛开展，从而<u>扩大</u>世界冬季运动的区域，为全球奥林匹克运动和冬季体育产业的蓬勃发展<u>带来</u>新机遇。[②]

例 2：北京 2022 将<u>留下</u>先进的设施遗产，将为奥林匹克冬季体育未来的发展做出<u>贡献</u>。所有雪上项目的专业训练和大众参与都将得到巨大<u>发展</u>。

例 3：我们的交通网络和运行将使所有冬奥会客户群<u>便捷</u>地参与赛事。

例 4：根据《奥林匹克 2020 议程》，北京 2022 的每一个场馆都有切实可行和深思熟虑的遗产规划。12 个场馆中，有 11 个是 2008 奥运遗产，大幅度降低了办赛成本。

例 1 词语"带动""推动""扩大""带来"，及例 2"留下""贡献""发展"的选择，体现了在北京举办 2022 年冬奥会对未来的无限好处，能使世界上更多的人参加冬季运动，拓宽冬季运动的范围，提升"雪上项目的专业训练"水平，从而促进冬季体育和奥林匹克运动的发展。例 3 和例 4 是北京举办 2022 年冬奥会的具体益处，如"便捷"体

---

① Ruth Wodak，"The Discourse-historical Approach," in Tian Hailong and Zhao Peng, eds., *Critical Discourse Analysis：Essential Readings*，Nankai University Press，2012，pp. 226–262.

② 《北京 2022 冬奥会申办成功，9 位陈述人演讲陈述词完整版》，80 后励志网，2015 年 8 月 1 日，https：//www.201980.com/yanjiang/11418.html，最后访问日期：2020 年 3 月 27 日。以下语料均来源于此。

现了北京在交通设施方面的优势，"降低"表明在北京举办2022年冬奥会具有一定的设施基础，可以避免浪费。这里从体育及交通设施方面建构了具有硬实力的形象。根据"益处"论题，2022年冬奥会可以在北京举行。

2. 数字

以"数字"为论题的惯用语句指如果特定的数字证明了特定的论题，那么就应该实施特定的行为。[1] 该陈述词通过一些数字证明了北京举办2022年冬奥会具有的软实力和硬实力，所以，北京可以举办2022年冬奥会。例如：

例5：自从国际奥委会开始对申办国家进行独立民意调查以来，北京的民意支持率最高。全国92%的民众支持申办2022年冬奥会。

例6：北京目前拥有17个专业冰场。100多万青少年经常参加滑冰活动。每到冬季，结冰的湖面上就跑满了中国民间流行的雪橇。

例7：2013年，北京出台了五年投资1300亿美元的"清洁空气行动计划"。此举仅在过去两年内就使全市的燃煤总量减少了30%，并淘汰了100多万辆高排放车辆。北京正朝着清洁能源型城市迈进。

例8：北京首都国际机场具有通往109个境外城市的直飞航线，年客流量8250万人次。另有一座规模相当的新国际机场正在建设之中，于2019年投入使用，将使北京机场的客流量几乎翻倍。

例9：北京是全世界最受欢迎的旅游目的地之一，2014年境外游客达到500万人次。全市拥有超过11万间星级酒店客房，

---

[1] Ruth Wodak, "The Discourse-historical Approach," in Tian Hailong and Zhao Peng, eds., *Critical Discourse Analysis：Essential Readings*, Nankai University Press, 2012, pp. 226-262.

能够充分满足商业和休闲旅游的需要。我们已经与 132 家星级酒店签订了协议，房间数量将比国际奥委会的要求高出 30%。星级住宿的设施类型多样、数量充足，无须新建酒店和媒体村，可以让冬奥会各客户群根据自己的需要选择最方便的住所，获得最佳奥运体验。

例 5 通过一个简单的数字"92%"体现了北京申办 2022 年冬奥会是民心所向，有广泛的群众基础。例 6 里的"17"和"100 多万"两个数字，表明了北京拥有举办冬奥会的能力以及广大民众热爱并积极参与冬季运动。例 7 中，"1300 亿"、"30%"和"100 多万"体现了北京重视环境保护，并取得了一定的成绩，这为 2022 年冬奥会的举办营造了适宜的环境。例 8 中"109"、"8250 万"和"翻倍"再次体现了北京交通基础设施的优越性。例 9 中"500 万""11 万""132""30%""类型多样、数量充足"，体现了北京优越的住宿条件，能满足游客对数量、质量和舒适度方面的要求，因此，可以让 2022 年冬奥会的运动员"获得最佳奥运体验"。这里形象地从群众基础、环境条件、交通设施条件、住宿条件四个方面建构了北京具有承担国际重大赛事的软实力和硬实力的形象，证明北京具有承担国际交往中心功能的能力，通过冬奥会话语建构了国际交往中心话语。

3. 历史

以"历史"为论题的惯用语句指根据历史经验，某些行为会带来某些特定的后果，所以在具体情况下要根据历史经验执行或消除这一特定行为。[1] 陈述词中的"历史"表明 2008 年北京奥运会的举办创造了很高的收入，也为国内外企业带来了很好的机会，2022 年冬奥会在北京举行有经验可寻，是不错的选择。例如：

---

[1] Ruth Wodak, "The Discourse-historical Approach," in Tian Hailong and Zhao Peng, eds., *Critical Discourse Analysis*: *Essential Readings*, Nankai University Press, 2012, pp. 226-262.

例 10：北京在实施 2008 年市场开发计划时，打破了多项纪录，创造了 12 亿美元的国内市场开发收入。国内外企业通过竞争积极争取与奥运会合作的权利。

例 10 通过讲述北京在"2008 年市场开发计划"中获得的成绩，证明 2008 年奥运会在北京的举办促进了国内外企业发展，根据这一历史经验，2022 年冬奥会在北京举办也会进一步促进国内外企业实现共同发展，同时建构北京"有经验"的形象。因此，2022 年冬奥会在北京举办是不错的选择。

（二）国家形象为辅：健全、强化北京的话语形象

通过观察发现，北京 2022 年冬奥会申办演讲陈述词里不仅有对北京形象的话语建构，还有对中国国家形象的话语建构，下面将探究该陈述词如何运用论辩策略建构国家形象，及其对北京形象和北京申请冬奥会成功的作用。

1. 益处

北京 2022 年冬奥会申办演讲陈述词从经济、体育、理念三个方面体现中国的优势及能够带来的利益，为 2022 年冬奥会在北京举办创造了良好的环境。

例 11：中国为奥林匹克冬季运动提供了最广阔的舞台。中国是世界第二大经济体。2014 年，中国的 GDP 增长了 7.4%，使中国成为全球增长速度最快的主要经济体之一。

例 12：我国政府预计，到 2025 年中国体育产业规模将达到 8000 亿美元。随着这一市场的增长，中国和世界冬季体育运动将从中长期受益。在中国举办一届冬奥会，将为 2022 年及其之后的体育事业提供前所未有的机遇。

例 13：中国人民对冬奥会的期盼和对体育健身的需求，是我们努力的方向。在北京举办冬奥会和冬残奥会，将有力传播积极、健康的生活方式，增强公众体质，建设健康中国，更好实现人民追求美好生活的梦想。

例 11 中"第二大""全球增长速度最快"体现了中国具有雄厚的经济基础，这为前面的"提供"和"最广阔"创造了物质基础，显示了在中国举办冬奥会对奥林匹克运动的益处。例 12 中"长期受益"体现了中国将扩大体育产业规模，这会促进中国和世界冬季体育运动发展，如果冬奥会在中国举行，无疑会为"2022 及其之后的体育事业提供前所未有的机遇"。例 13 中"传播"、"增强"、"建设"、"实现"、"积极、健康的"和"美好"，体现了在北京举行冬奥会，会促进中国人民乃至世界人民的身体健康，实现他们"追求美好生活的梦想"。例 11、例 12、例 13 体现了冬奥会在中国举行对中外经济、体育、人民的好处，建构了中国在经济、体育方面实力强大，同时以人为本的大国形象，而北京作为中国的首都，必然也是一个在经济、体育方面有实力、以人为本的城市。因此，2022 年冬奥会有充分的理由在中国北京举行。

2. 数字

该陈述词用许多数字论证了中国在交通、体育设施和人民体育素质方面的强大。

例 14：铁路运输将提升客户群往返于场馆群之间的能力。过去 10 余年间，中国建成了世界最大的高铁网络，年均新增 1500 公里。

例 15：20 年前，中国的滑雪场还不足 10 个，现在已经有 500 多个。去年仅到张家口滑雪的人数就增长了 20%。

例 16：中国与冬奥会结缘已久。共有超过 500 名中国运动员参加了冬奥会，其中有 45 名站上了冬奥会的领奖台，获得了 53 枚奖牌。

例 14 中的"1500 公里"，例 15 中的"500 多"和"20%"，例 16

中的"500"、"45"和"53",分别体现了中国交通的便捷、滑雪设施的充足以及中国运动员参加冬奥会的积极心态,体现了中国有良好的服务和体育设施,中国人热爱冬奥会相关运动,在中国举行冬奥会有设施和人文方面的保障,建构了中国的设施条件好、人民素质较高的形象,这也为北京提供了强大的设施储备和民心支持,强化了北京具有硬实力和软实力的形象,丰富了北京国际交往中心话语。

3. 现实

以"现实"为论题的惯用语句是指因为现实就是这样的,那么一个特定的行动/决定应该被执行或不被执行。① 该陈述词中的现实是中国地大物博、资源丰富、经济发达、体育实力强、消费需求高,这为2022年冬奥会在中国举办提供了物力和人力保障,为促进国际贸易发展贡献了力量,因此冬奥会在中国举办具有可靠性和一定的吸引力。

例17:中国经济强健,资源多样,适应性强,不过度依赖任何单一产业。我们拥有丰富的自然资源,是世界上许多国家最大的贸易伙伴。所有这些因素让我国的经济多样化发展,并且充满活力,让中国有能力为成功举办冬奥会提供保障。我们在夏季奥运会取得的成功,为我们在冬奥会上取得新的成绩打下了基础,为奥运会提供了长期的财务可靠性,维护了奥运会的声誉。随着收入和生活水平的提高,中国消费者的购买力比世界其他任何主要市场增长得都快。

例18:伴随着我们的申办历程,冬奥会已经展现了推动发展、造福民众的价值,带动了旅游,增加了就业,改善了民生。

例17中的"经济强健,资源多样,适应性强","丰富","最大",

---

① Ruth Wodak, "The Discourse-historical Approach," in Tian Hailong and Zhao Peng, eds., *Critical Discourse Analysis*: *Essential Readings*, Nankai University Press, 2012, pp. 226 - 262.

"多样化","充满",体现了中国在资源和经济上举办冬奥会的现实保障。同时,"奥运会取得的成功"、"长期的财务可靠性"和购买力增长快的现实体现了中国体育运动的实力和推动经济发展的力量,这些"现实"建构了中国地大物博、经济发展快、体育实力强、消费需求高,一个各方面强大但需求也大的形象。例18中的"展现了"、"带动了"和"增加了"体现了冬奥会申办已经为经济、旅游和人民带来了好处,预示冬奥会真正在中国举办将会带来更多的好处。体现了中国通过推动经济、旅游的发展造福民众、富国利民的形象,这也为北京具有硬实力和软实力的形象给予了支撑。因此,冬奥会在北京举办有多种保障和好处,具有很强的现实性。

4. 人道主义

以"人道主义"为论题的惯用语句指如果某种行为或决定遵循/不遵循人权或人道主义信念和价值,那么就应该/不应该使这种行为发生。① 在该陈述词中,由于中国对世界的长远发展和对球迷与运动员密切关注,符合人道主义的要求,所以冬奥会适合在中国举办。

> **例19:** 可持续发展一直是我们的国家战略,北京2008推动我们进一步采取了一系列影响深远的具体措施。

> **例20:** 中国是热爱体育的国度,你们将看到观众席上坐满懂体育、有激情的体育迷。我们将把冬奥项目的教育扩展到教室、企业以及媒体,帮助我们的体育迷成为最佳观众。我们已经制定了智慧奥运村的设计理念,把运动员安置在精心设计的新的和个性化的居住设施中,给他们以家一般的感觉。

例19中指出了中国"可持续发展"的战略,为此北京采取了一系列措施,这预示着2022年冬奥会如果在中国举行,中国将继承并贯彻

---

① Ruth Wodak, "The Discourse-historical Approach," in Tian Hailong and Zhao Peng, eds., *Critical Discourse Analysis: Essential Readings*, Nankai University Press, 2012, pp. 226-262.

这一理念，这符合人道主义的价值。例20中"扩展"和"帮助"体现了中国为了增进体育迷的知识和鼓励更多体育迷所做的努力。"智慧"、"精心"和"家一般"体现了中国尊重运动员，充分考虑运动员的感受。这些措施既考虑到体育迷也考虑到运动员，都符合人道主义的信念。因此，例19、例20建构了中国关注世界长远发展和人权的形象。所以，在这样一个国家举办冬奥会是不错的选择，会给来自世界各地的人带来不一样的体验。这也赋予了北京眼光长远、尊重人权的形象。

5. 责任

以"责任"为论题的惯用语句指因为一个国家或群体对具体问题的出现负有责任，那么它或他们应该采取行动，以便找到解决这些问题的办法。① 中国更加努力"通过体育运动来促进人类和谐发展，建立更加和平美好世界的奥林匹克运动宗旨"，从而赢得全世界更加广泛的认同，及"推动奥林匹克运动的可持续发展"的责任，所以举办2022年冬奥会是中国的责任，也是中国实现承诺的表现。

例21： 一直以来，中国的体育事业得到了奥林匹克大家庭的支持与帮助，我们向你们表示真诚的谢意，并承诺做出更多的努力。我相信，通过体育运动来促进人类和谐发展，建立更加和平美好世界的奥林匹克运动宗旨，一定会赢得全世界更加广泛的认同，一定会推动奥林匹克运动的可持续发展！女士们，先生们，中国政治稳定、经济繁荣、社会和谐。作为负责任的国家，我们言必信、行必果。我们将兑现所有的承诺。

例21中的"促进""建立""赢得""推动"体现了一个国家如果要举办冬奥会，势必要履行推动人类进步，获得更广泛的认同，促进奥林匹克运动发展的责任。而陈述词一开始就做出中国自己的"承

---

① Ruth Wodak, "The Discourse-historical Approach," in Tian Hailong and Zhao Peng, eds., *Critical Discourse Analysis*: *Essential Readings*, Nankai University Press, 2012, pp. 226-262.

诺"，由于"中国的体育事业得到了奥林匹克大家庭的支持与帮助"，中国为了表达感激之情，有"做出更多的努力"的责任，所以，中国如果举办 2022 年冬奥会，就必然会履行这些责任，通过"负责任"、"言必信、行必果"和"兑现"等可以体现出来，而通过"政治稳定、经济繁荣、社会和谐"也可以看出中国有这样的能力实现这些承诺，并承担相应的责任。这里建构了中国有能力且负责任的大国形象，也建构了北京可靠的形象，使 2022 年冬奥会在北京举办具有了可靠性。

6. 文化

以"文化"为论题的惯用语句指由于特定群体的文化是这样的，特定的问题在特定的场合就会出现。① 陈述词中提到中国最重要的节日——春节，而中国把冬奥会的举办时间放在春节期间，展现了中国包容、热情的文化，因此，在北京举办冬奥会是可行的。

例 22：北京 2022 冬奥会将在中国最重要的传统节日——春节期间举办。这是一个受到全球关注的节日，在中国过春节将有更特别的韵味：（李）我们会用火红的灯笼装点门庭街道；（杨）我们会贴窗花欢迎客人；（李）这是家人和外国游客共聚晚餐的美好时刻；（杨）你们会体验到舞龙、舞狮和庙会的魅力；（李）当然，我们还要燃放烟花。（李）这是一个了解中国的最独特的时间，隆冬时节来到中国体验最传统的文化习俗。

例 22 中"最重要""更特别""最独特""最传统"对中国春节的抽象描述体现了春节对中国的重要性，而中国把冬奥会安排在这么有意义的节日举行，表现出国家对北京举行 2022 年冬奥会的重视和支持，也体现了中国人热情好客，愿与世界人民分享这个对我们最重要的节

---

① Ruth Wodak, "The Discourse-historical Approach," in Tian Hailong and Zhao Peng, eds., *Critical Discourse Analysis: Essential Readings*, Nankai University Press, 2012, pp. 226-262.

日。"用火红的灯笼装点门庭街道","贴窗花欢迎客人","家人和外国游客共聚晚餐的美好时刻","舞龙、舞狮和庙会","燃放烟花",具体化了中国的春节,表现了这个节日的吸引力。中国把冬奥会的举办时间安排在对中国最重要的节日,并愿意带他们体验这个节日的传统活动,体现了中国的热情友好,建构了中国开放、包容、热情的形象,同样赋予了北京这样的形象,因此这为 2022 年冬奥会在北京举行提供了非常适合的人文环境。

四 北京国际交往中心话语建设的话语策略、方法和理念

下面将借鉴北京 2022 年冬奥会申办演讲陈述词中话语策略的使用,北京话语形象建构的经验,得出关于北京国际交往中心话语形象建构的策略、方法和理念的建议。

(一) 关于话语形象建构策略的建议

北京 2022 年冬奥会申办演讲陈述词主要以北京形象建构为主,辅以国家形象,这对以后北京话语形象的建构具有重要借鉴意义。北京在建构自我形象的同时,融合中国国家形象的建构,使北京国际交往中心的话语形象建构能从国家形象中借力。

从具体的话语策略方法来看,该陈述词中对北京形象的建构主要借助论辩策略中益处、数字和历史论题。很明显,如果一个国际城市能为国际经济和人文发展带来好处,就会提高自身的被接受度,增强自身的吸引力。所以,在北京作为国际交往中心的话语建构中,多列出一些对国际社会实际的好处,并用数字做具体化表述,会更有用。同时,该陈述词运用历史论题呈现了一个经验者的北京形象,北京国际交往中心话语建构可以多叙述自身成功的故事,追溯城市历史,让人感受到这是一座有经验可寻,有深厚历史根基的城市,从而提升北京的城市形象,吸引更多人的目光。

同时,该陈述词用大篇幅对中国国家形象进行建构,力求健全和强化北京的话语形象。其通过益处和数字论题对国家形象的建构,从经济、体育、人文等各方面为北京形象提供了一定的支撑,强化了北京具

有强大硬实力和软实力的形象。而现实、人道主义、责任、文化论题的使用发展了北京形象的要素：富国利民、眼光长远、尊重人权、可靠、开放、包容、充满热情。这为未来北京借助国家力量传播自身形象提供了丰富的视角，沿着每一个视角展开，都有让北京增强吸引力、提升国际影响力的可能。

（二）关于话语形象建构方法、理念的建议

从北京 2022 年冬奥会申办演讲陈述词话语策略中论题的选择，可以获得关于北京国际交往中心话语形象建构方法和理念的启示。

首先，关于益处的话语和数字不会凭空产生，这需要北京自身的努力，创造出更多有利于国内外的价值，才能增强国际交往中心话语的影响力。北京作为一个有经验者的形象建构，需要不断实践，总结经验，这样，在面临重要国际活动时才能顺理成章获得话语权和主导权。从这里可以得出，北京国际交往中心话语要秉持互利共赢和积极参与国际实践的理念。

其次，富国利民、眼光长远、尊重人权、可靠、开放、包容、充满热情的国家形象，同样是北京已有或应有的形象，且可以成为北京国际交往中心话语建设过程中的理念。

五 结语

本文通过分析北京 2022 年冬奥会申办演讲陈述词，发现冬奥会演讲陈述通过论辩策略建构了北京丰富而具体的话语形象。益处论题展示了关于北京硬实力的话语形象，再结合数字论题，强化了北京具有硬实力的形象，历史论题体现了北京有经验、兼具软实力的形象。同时，该陈述词从经济、体育、理念方面对中国形象进行话语建构，建构了北京在经济、体育方面有实力、以人为本的城市形象；通过数字论题建构了中国设施条件好、人民素质较高的形象。通过现实论题建构了中国富国利民的形象，强化了北京具有硬实力和软实力的形象。从人道主义方面对中国形象的建构赋予了北京眼光长远、尊重民意的形象，而中国负责任大国的形象也给予了北京可靠的城市形象。通过文化论题赋予了北京开放、包容、热情的形象。据此，本文从北京 2022 年冬奥会申办演讲陈述词中吸取关于北京形象建构话语策略的经验并进行深入思考，获得关于北京国际交往中心话语建构的话语策略、方法和理念，以期为北京国际交往中心建设贡献一分力量。

从北京世园会报道看绿色北京城市形象话语传播

王磊 冯晨*

一 引言

《北京城市总体规划（2016 年—2035 年）》明确提出北京的城市战略定位之一是国际交往中心，服务于国际交往。①作为国际交往中心的北京应该具有什么样的形象引起了广泛讨论，其中最重要的形象应该是"绿色北京"形象。

2019 年 4 月 29 日至 10 月 7 日，世界园艺博览会于北京举办。世界园艺博览会由国际园艺生产者协会（AIPH）批准举办，一般由主办国政府委托有关部门承办，是非贸易性的全球性展览会。它能够促进世界各国经济、文化、科学技术的交流与进步，各参展国家也能够利用这个平台进行宣传。虽然不同于一般的国际贸易博览会，但世界园艺博览会享有经济领域的"奥林匹克"之美誉，也具有广泛的文化影响，是人

---

* 王磊，北京第二外国语学院教授，研究方向为话语分析；冯晨，天津商业大学 2018 级硕士研究生，研究方向为话语分析。

① 《北京城市总体规划（2016 年—2035 年）》，北京市人民政府网站，2017 年 9 月 29 日，http：//www.beijing.gov.cn/gongkai/guihua/wngh/cqgh/201907/t20190701_100008.html，最后访问日期：2020 年 4 月 27 日。

文、经济交流国际化盛会。同时，作为高规格、高水平的国际性博览会，2019 年北京世界园艺博览会（以下简称"北京世园会"）不仅仅是园艺的盛宴，亦是科技和文化的盛宴。它的成功举办推进了北京国际交往中心的功能建设，助力北京作为国际交往中心的城市形象塑造。从对外话语建设的角度分析，北京世园会相关话语提升了北京国际交往中心话语。

二　研究综述

国际交往中心是基于北京城市发展的新定位、新内涵，对城市国际化发展提出的新要求。作为国际交往中心，北京是国家开展重大外交外事活动、发挥负责任大国作用的重要舞台。国际交往中心建设作为北京落实首都城市战略定位的重要内容，受到越来越多的关注。来自不同领域、不同学科的学者对国际交往中心建设进行了多角度的研究。经查阅相关文献，发现当下关于北京国际交往中心建设的研究主要集中在国际关系与公共外交方面。在公共外交的相关研究中，代表性学者主要有周鑫宇和刘波等。周鑫宇深入分析了北京国际交往中心建设的新内涵，以及与北京城市发展、京津冀协同发展和国家外交之间的关系。[①] 刘波分析了北京国际交往中心建设的现状，并对做好北京国际交往中心建设提出了建设性意见。他提出强化顶层设计，围绕实施京津冀协同发展战略，疏解非首都功能，打造大型国际节展会议品牌，巩固和发展国际友好城市关系等。[②] 张丽也从公共外交视角出发，以北京为例，采用演绎推理分析方法揭示了国际体育赛事与北京国际交往功能之间的联系。指出重大国际体育赛事的举办给城市提供了开展公共外交活动的平台，使举办城市在国际交往中发挥了主导性作用，有助于进一步扩大国际交流，促进合作，从而提升国际交往功能。[③] 在国际关系领域的学者中，

---

① 周鑫宇：《国际交往中心建设的新内涵》，《前线》2018 年第 9 期。
② 刘波：《北京国际交往中心建设的现状及对策》，《前线》2017 年第 9 期。
③ 张丽：《公共外交视角下体育赛事推动北京国际交往功能提升研究》，《沈阳体育学院学报》2019 年第 3 期。

关注国际交往中心建设的还有王义桅等。通过阐述"一带一路"背景下的北京国际化进程，王义桅和刘雪君从政治、人文、经济等角度对北京建设国际交往中心提出了可行性建议。政治领域，成立"一带一路"首都联盟，推进政策沟通；人文领域，打造人文奥运，服务民心沟通；经济领域，服务资金融通与贸易畅通等。①

综上，可以发现，对于北京国际交往中心建设的研究大多是从某个单一的角度进行分析，从话语传播角度进行的研究较少。话语分析的主要特征之一是跨学科性，它可以与人文科学和社会科学中任何一个学科共同使用或在其中使用。② 鉴于此，本文首先从话语分析视角出发，运用沃达克（Ruth Wodak）语篇历史研究方法分析框架研究 2019 年北京世园会相关报道的话语策略及其对绿色北京形象的建构作用；继而结合新闻传播学学科理论，从宏观角度对 2019 年北京世园会的对外话语进行整体分析，并对北京国际交往中心建设的话语传播提出一些思考。

三 理论框架

语篇历史研究方法是沃达克和她的维也纳团队在研究奥地利社会问题过程中形成的研究范式。与批评话语分析其他方法不同，语篇历史研究方法侧重基于历史背景的跨学科研究。它主要从三个方面对语篇进行分析。首先，确定所要研究的某一语篇的具体内容或主题；其次，在词汇、句子和语篇等层面上分析文本中现实意义的形式和语言手段；最后，研究语篇中使用的话语策略。构成语篇历史研究方法的三个研究步骤如表 1 所示。③

表 1　沃达克语篇历史研究方法的分析框架

第一步：确定某一特定语篇的具体内容或主题
第二步：研究语篇与语篇之间和文本与文本之间的关系
第三步：分析语体和文本

---

① 王义桅、刘雪君：《"一带一路"与北京国际交往中心建设》，《前线》2019 年第 2 期。
② Teun A. van Dijk, "Multidisciplinary CDA: A Plea for Diversity," in R. Wodak and M. Meyer, eds., *Methods of Critical Discourse Analysis*, Sage, 2001, pp. 95-120.
③ 田海龙：《语篇研究：范畴、视角、方法》，上海外语教育出版社，2009。

四　北京世园会相关报道的话语分析

本文运用沃达克语篇历史研究方法的分析框架对 2019 年北京世园会相关报道进行分析，以此来探究北京国际交往中心建设的话语传播。

（一）语篇的具体内容及主题

运用语篇历史研究方法进行研究，首先要明确分析内容和主题。在此分析阶段，需要联系历史背景，将语篇置于历史背景之中进行分析。将现实的实践活动与相关的历史知识联系起来，才能确定话语中隐含哪些意义，进而确定话语的具体内容和主题。①

世界园艺博览会，也叫世界园艺节，是世界各国园林园艺精品、奇花异草的大展，可以增进各国的相互交流，集文化成就与科技成果于一体。1883 年，荷兰阿姆斯特丹国际博览会首次以园艺为主题举办的专业性园艺博览会，可看作国际园林园艺展会的开端。我国首次举办世园会可追溯至"1999 年昆明世界园艺博览会"。

2014 年 6 月 11 日，国际展览局第 155 次大会在法国巴黎召开。会议由时任国际展览局主席纳吉主持，国际展览局 168 个成员国一致表决认可 2019 年中国北京主题为"绿色生活，美丽家园"的世界园艺博览会。2019 年 4 月 28 日，习近平主席在北京出席 2019 年北京世园会开幕式，并发表题为《共谋绿色生活，共建美丽家园》的重要讲话，强调顺应自然、保护生态的绿色发展昭示着未来，并强调地球是全人类赖以生存的唯一家园。中国愿同各国一道，共同建设美丽地球家园，共同构建人类命运共同体。②

2019 年北京世园会是经国际园艺生产者协会批准，由中国政府主办、北京市承办的最高级别的世界园艺博览会，是我国第八次举办世界园艺博览会，也是第二个获得国际园艺生产者协会批准及国际展览局认证授权举办的 A1 级国际园艺博览会。2019 年 10 月 9 日，以"收获的

① 田海龙：《语篇研究：范畴、视角、方法》，上海外语教育出版社，2009。
② 《习近平：共谋绿色生活，共建美丽家园——在二〇一九年中国北京世界园艺博览会开幕式上的讲话》，中国共产党新闻网，2019 年 4 月 29 日，http://cpc.people.com.cn/n1/2019/0429/c64094-31055863.html，最后访问日期：2020 年 4 月 27 日。

礼赞"为主题的闭幕式在北京延庆隆重举行，国务院总理李克强出席闭幕式并致辞。

以上实践活动和背景信息有助于确定相关报道中"绿色生活""美丽家园"等主题和内容。人民网、新华网是中国最具影响力的网络媒体，也是全球网民了解中国的重要窗口。因此，本文将以两大媒体对2019年北京世园会的报道为语料进行话语分析。

（二）语篇的互文性

确定内容和主题后，本文对文本与文本之间的"互文"关系进行研究。文本是语篇参与社会实践留下的痕迹，文本之间的关系可以反映语篇参与社会实践所固有的网络关系。克里斯蒂娃（Kristeva）认为任何语篇都是由引语拼凑而成，任何一个语篇都是对另一语篇的吸收和改造，这一特性即为互文性，并将互文性分为水平（horizontal）互文性和垂直（vertical）互文性。[①]

国内外学者对互文性的分类都进行了研究，费尔克劳（Fairclough）把互文性分为显著（manifest）互文性和构成（constitute）互文性。显著互文性指其他语篇明显地出现在所分析的语篇中，构成互文性指语篇生成过程中体裁或话语规范的组合关系。[②] 为了便于分析语篇，辛斌建议把互文性分为体裁（generic）互文性和具体（specific）互文性。前者指一个语篇中各种体裁、风格或语域的混合交融，后者指一个语篇中有具体来源（有名有姓的或者匿名的）的他人话语。[③] 具体的互文手段包括提及、引用、习语、用典、谚语、陈词等。[④]

1. 提及

"提及"指在语篇中谈到某个与之相联系的外部事物或事件等。在新华网《难忘的"世园记忆"共同的绿色追求——写在北京世园会闭

---

① Julia Kristeva, *The Kristeva Reader*, Basil Blackwell, 1986, p. 37.
② Norman Fairclough, *Discourse and Social Change*, Polity Press, 1992, p. 104.
③ 辛斌：《语篇研究中的互文性分析》，《外语与外语教学》2008 年第 1 期。
④ 辛斌、李悦：《中美领导人互访演讲中具体互文性的语用分析》，《山东外语教学》2016 年第 1 期。

幕之际》报道中提及中国生态文明建设的成就，包括"河北塞罕坝的生态奇迹""浙江鲁家村的绿水青山""长白山保护开发区"等，① 通过其他城市建设"绿色""环保"的努力，来类比强调北京世园会是北京践行"绿色""环保"理念，与其他城市一道提升中国环境的具体举措。通过中国的绿色方案及其在生态文明建设方面的行动和成就，体现了建设美丽中国的艰辛努力和成果，也体现了北京在这个伟大历程中的引领作用。在人民网《北京世园会给世界带来了什么》报道中还提及十八大首次提出了"美丽中国"理念，北京世园会的筹备和开展，是践行"美丽中国"理念的重要方式，反映出世园会是北京践行"美丽中国"理念的具体行动。②

2. 引用

"引用"是常用的互文手段之一，指在说话或写作中引用之前的话语，如自己之前的话语、他人的话语、成语、条例等。人民网对北京世园会的报道中间接引用了开幕式上的致辞，"在开幕式上，中国国家主席习近平倡导共同建设美丽地球家园、构建人类命运共同体"；直接引用了闭幕式上的致辞，"李克强指出，中华人民共和国成立70年来，中国人民筚路蓝缕、砥砺奋进，经济社会发展取得举世瞩目的成就，生态文明建设实现历史性进展……在改革开放中协同推动经济高质量发展和生态环境高水平保护"。③ 引用国家领导人的致辞，表示中国政府高度重视生态文明建设，把发展作为解决一切问题的基础，致力于建设生态中国、绿色中国、美丽中国。这也是北京承办世园会的背景，有助于建构北京国际交往中心话语中的"绿色北京""美丽北京"的话语。此

---

① 《难忘的"世园记忆"共同的绿色追求——写在北京世园会闭幕之际》，新华网，2019年10月8日，http: //www. xinhuanet. com/politics/2019－10/08/c_1125080327. htm，最后访问日期：2020年4月27日。

② 刘发为：《望海楼：北京世园会给世界带来了什么》，人民网，2019年5月30日，http: //theory. people. com. cn/n1/2019/0530/c40531－31109914. html，最后访问日期：2020年4月27日。

③ 《2019年中国北京世界园艺博览会圆满闭幕》，人民网，2019年10月10日，http: //ydyl. people. com. cn/n1/2019/1010/c411837-31390814. html，最后访问日期：2020年4月27日。

外，报道还提及了时任国际园艺生产者协会秘书长提姆·布莱尔克里夫对北京世园会的描述，使用了"壮丽"一词，展示出 2019 年北京世园会的规模之大、参展国家之多、办会质量之高，侧面烘托出北京作为国际交往中心承办高层次、高水平国际活动、国际展览的实力，也是北京国际交往中心话语的重要内容。

通过分析，可以发现相关报道借助具体互文的手段"引用"和"提及"建构了积极参与全球生态文明建设的负责任大国形象。

（三）语篇的话语策略

语篇历史研究方法的第三步是分析语体和文本，侧重分析语体和文本在实际运用中的意义，即语篇策略。语篇策略就是帮助实现目的的语言方法。① 沃达克和她领导的研究小组在对奥地利社会问题研究的过程中，提出分析政治话语及相关文本时要关注五个方面的话语策略：所指策略、谓语指示策略、论辩策略、视角化策略、强化/弱化策略。②

1. 所指策略

所指策略是指通过成员分类的方法将社会活动者划分为"组内成员"和"组外成员"。这种策略的运用有利于拉近讲话者与其他组内成员间的距离。③

例 1：建设美丽家园是人类的共同梦想。面对生态环境挑战，人类是一荣俱荣、一损俱损的命运共同体，没有哪个国家能独善其身。唯有携手合作，我们才能有效应对气候变化、海洋污染、生物保护等全球性环境问题，实现联合国 2030 年可持续发展目标。④

① 田海龙：《语篇研究：范畴、视角、方法》，上海外语教育出版社，2009。
② Martin Reisigl and Ruth Wodak, *Discourse and Discrimination：Rhetorics of Racism and Antisemitism*, Routhledge, 2001, p.45.
③ Martin Reisigl & Ruth Wodak, "The Discourse-historical Approach（DHA），" in Ruth Wodak & Michael Meyer, eds., *Methods of Critical Discourse Analysis*（2nd Edition）, Peking University Press, 2014, pp.87–121.
④ 《难忘的"世园记忆"共同的绿色追求——写在北京世园会闭幕之际》，新华网，2019 年 10 月 8 日，http：//www.xinhuanet.com/politics/2019–10/08/c_1125080327.htm，最后访问日期：2020 年 4 月 27 日。

例 1 出自北京世园会开幕式上的致辞，通过使用"人类""我们"将各个国家联系在一起。在面对生态文明建设与环境建设时，将世界各个国家都划归为"同一组内成员"。新华网《难忘的"世园记忆"共同的绿色追求——写在北京世园会闭幕之际》报道中引用了这番话，向世界传递出中国坚定走绿色发展之路的决心和信心，引发读者的强烈共鸣。面对生态环境严峻的挑战，中国提出了一系列绿色发展理念，并加强生态文明建设。与此同时，中国向全世界发出了携手共建美丽地球家园的"中国邀约"。积极构建人类命运共同体，推进共同发展的国家形象。这也表明北京国际交往中心建设将服务于建设人类命运共同体的目标，这是北京世园会话语对国际交往中心话语建设具有积极作用的具体例证。

例 2：英国希望在应对气候变化和治理污染方面与中国开展更紧密合作。①

例 2 出自英国驻华大使吴百纳在北京世园会英国国家日活动上的郑重发言，通过成员分类的方法，表明在面对生态环境建设问题时，英国愿与中国共同努力。通过世园会这一平台，绿色中国、可持续发展理念等"中国方案"广为人知，体现了中国制度的优越性，也让世界更清晰地看见了人类命运共同体的美好未来。而北京通过世园会成为世界各国增进了解和交往的平台，也支撑了北京国际交往中心话语。

2. 谓语指示策略

根据语篇历史研究方法，谓语指示策略通常指使用具有肯定意义或否定意义的评价性修饰语，使用具有明显断定意义的名词、形容词或代词及其他一些修辞方法，赋予社会行为者、物体、现象或行为过程等正

---

① 《难忘的"世园记忆"共同的绿色追求——写在北京世园会闭幕之际》，新华网，2019 年 10 月 8 日，http://www.xinhuanet.com/politics/2019-10/08/c_1125080327.htm，最后访问日期：2020 年 4 月 27 日。

面的褒义或负面的贬义。①

    例3：——这里是奇花异草汇聚的"大花园"。

    ——这里是园林文化及园艺技术交流共鉴的"竞技场"。

    ——这里是中西交融、文化艺术荟萃的"大舞台"。②

    例3中新华网《难忘的"世园记忆"共同的绿色追求——写在北京世园会闭幕之际》报道将2019年北京世园会总结为"大花园""竞技场""大舞台"。世园会不仅是花草的展览，也是园林文化、园艺技术的交流，还是中西文化艺术的交融。使用具有肯定意义的名词，体现出北京世园会的影响超越国界，走向世界。在文化交流方面，世园会为各个国家搭起了一座桥梁，为其提供了展示自我的平台，促进各国人民友好交流，彰显出中国作为东道主，在生态文明发展方面主动提供有效经验，为共建美丽地球家园积极贡献力量的国家形象。这也体现了北京国际交往中心话语对于北京的定位：国际交流的"大花园""竞技场""大舞台"。这些话语具体又形象，具有比喻意义，可以激发民众的想象力，具有丰富的延展性。

    例4：北京世园会在闭幕后将会整体保留，园区、场馆都将进行持续开发利用。会后园区将打造成为京津冀地区重要的旅游休闲度假节点，同时将成为冬奥会服务保障基地，为参加冬奥会的工作人员及观众提供住宿、办公、休闲等服务保障。③

---

① Martin Reisigl & Ruth Wodak, "The Discourse-historical Approach (DHA)," in Ruth Wodak & Michael Meyer, eds., *Methods of Critical Discourse Analysis* (2nd Edition), Peking University Press, 2014, pp. 87-121.

② 《难忘的"世园记忆"共同的绿色追求——写在北京世园会闭幕之际》，新华网，2019年10月8日，http://www.xinhuanet.com/politics/2019-10/08/c_1125080327.htm，最后访问日期：2020年4月27日。

③ 《北京世园会交出精彩答卷》，人民网，2019年10月9日，http://zj.people.cn/n2/2019/1009/c186327-33417015.html，最后访问日期：2020年4月27日。

在例4人民网《北京世园会交出精彩答卷》报道中,"持续开发利用""打造成为""将成为""为……提供"等谓语动词体现出中国在世园会闭幕后所做的工作——对园区进行合理再利用。世园会在开园期间,为各个参展国家、游客提供服务,闭园后仍然发挥着绿色生态的作用,表明北京始终践行可持续发展理念。北京世园会是一种生态遗产,将永久传递东方价值,展示中国实践成果。虽然2019年北京世园会已经圆满闭幕,但北京对绿色发展的追逐永不停止,将继续建设美丽北京,而这些场所也成为北京国际交往中心建设的宝贵财富。这些也表明北京国际交往中心建设将是在各种国际活动中循序渐进的建设,将会是持续的过程,这也表明了北京国际交往中心建设话语的可持续性。

3. 论辩策略

论辩策略通过不同的论辩题目(topoi)来达到证明正面或负面态度及评价的合理性。涉及的辩题包括有用/有利,无用/无利,定义,危险或威胁,羞辱,公正,责任,累赘,财务,事实,数字,法律和权利,历史,文化,滥用。①

例5:北京世园会筹办历时7年,会期运营162天,110个国家和国际组织参展,共举办3284场活动,934万中外观众参观。②

例6:世园会开园期间接待各类入园参观人数达934万人次,北京世园会会期共举办3284场中西交融、精彩纷呈的文化活动,吸引观众310多万人次,吸引国际友人20万余人次。③

以"数字"为论题的惯用语句指如果数字证明了另一个特定的论

① Ruth Wodak, "The Discourse-historical Approach," in Tian Hailong and Zhao Peng, eds., *Critical Discourse Analysis: Essential Reading*, Nankai University Press, 2012, pp. 226-262.
② 《国际展览局赞北京世园会创纪录》,新华网,2019年11月28日,http://www.xinhuanet.com/world/2019-11/28/c_1125284266.htm? baike,最后访问日期:2020年4月27日。
③ 王石川:《北京世园会闭幕,绿色发展永不落幕》,人民网,2019年10月10日,https://opinion.people.com.cn/n1/2019/1010/c1003-31392820.html,最后访问日期:2020年4月27日。

题，那么与之相关的行动应该被执行或禁止。① 例 5 和例 6 中"7 年""162 天""110 个国家和国际组织""934 万人次""3284 场""310 多万人次""20 万余人次"等数据显示出 2019 年北京世园会筹备之精心、规模之宏大、参展国家和国际组织数量之多、展现内容之丰富、文化活动之密集、吸引参观人数之多、办会影响力之广泛，充分体现了 2019 年北京世园会在世界园艺博览会进程中的里程碑意义。

例 7：2000 年至 2017 年，全球新增绿色面积中，约有四分之一来自中国，贡献比例居世界首位。

例 8：2013 年至 2018 年，广东省的湿地公园从 12 个大幅增加到 241 个……计划至"十三五"末，全市完成恢复湿地 8000 公顷，新增湿地 3000 公顷。②

例 7、例 8 中"四分之一""12 个""241 个"体现了中国绿色面积的快速扩大。以具体数据为支撑，以事实为依据，相关报道总结了近年来中国在改善环境、保护自然方面取得的重大阶段性成果，展示了在有效推进绿色中国、可持续发展理念道路上大步前行的智慧国家形象。

例 9：如今的延庆，因多年持续造林绿化，森林覆盖率从新中国成立初期不足 7%，增长到现在的 59.28%，山水连绵，满目葱茏，成为京北一道绿色生态屏障。

例 10：如今，北京百姓身边的口袋公园、城市森林、小微绿地越来越多，在"寸土寸金"的中心城区"见缝插绿"，百姓可"推窗见绿、出门进园"。当年濒临沙漠边缘的北京，正向着国际

---

① Ruth Wodak，"The Discourse-historical Approach," in Tian Hailong and Zhao Peng, eds., *Critical Discourse Analysis：Essential Reading*, Nankai University Press，2012，pp. 226-262.

② 《难忘的"世园记忆"共同的绿色追求——写在北京世园会闭幕之际》，新华网，2019 年 10 月 8 日，http：//www. xinhuanet. com/politics/2019-10/08/c_1125080327. htm，最后访问日期：2020 年 4 月 27 日。

一流的和谐宜居之都迈进。①

以"益处"为论题的惯用语句是指，在特定观点下某种行为可以带来好处，所以人们必须执行这种行为。② 在例9、例10新华网的报道中，"益处"体现在"森林覆盖率……增长到现在的59.28%"，"推窗见绿、出门进园"，这些成效都是通过践行绿色发展理念、走可持续发展道路取得的。以上益处展示了北京绿色发展的成就，体现了北京将继续坚定推进生态文明建设的决心。

例11：回望北京世园会长达162天的开放期，人们流连忘返，在赏心悦目的同时，也更加感到生态文明建设何其重要。③

例11中的比较性预设词④"更加"，激发出语用预设曾经感到生态文明建设的重要性，但是并没有正确地认识到生态文明建设何其重要，需要通过一些手段或方式进一步提高认识。而北京世园会的筹备与举办，一系列的措施和活动，使得人们进一步重视生态文明建设，从而贡献自己的一分力量。体现了世园会不仅具有观赏作用，还具有教育作用，能够提高人们的生态文明意识。

例12：如此种种，不仅展示了各国五彩缤纷的园林植被、自然景观和人文风情，还重点宣介了各具特色的优势产业、营商环境和经贸平台，更有力促进了各国人民友好交流和双边经贸关系深入

---

① 《难忘的"世园记忆"共同的绿色追求——写在北京世园会闭幕之际》，新华网，2019年10月8日，http://www.xinhuanet.com/politics/2019-10/08/c_1125080327.htm，最后访问日期：2020年4月27日。
② Ruth Wodak, "The Discourse-historical Approach," in Tian Hailong and Zhao Peng, eds., *Critical Discourse Analysis: Essential Reading*, Nankai University Press, 2012, pp.226-262.
③ 王石川：《北京世园会闭幕，绿色发展永不落幕》，人民网，2019年10月10日，https://opinion.people.com.cn/n1/2019/1010/c1003-31392820.html，最后访问日期：2020年4月27日。
④ 姜望琪：《当代语用学》，北京大学出版社，2003。

发展，这一答卷确实精彩。①

例 12 中的递进关联词"不仅……还……"体现出北京世园会带来的"益处"不是一方面，而是多方面的，分别体现在自然人文、友好交流和双边贸易上，证明了世园会对北京国际交往中心建设的积极意义。因此，应毫不动摇促进生态文明建设，坚持分享绿色发展成果，与世界各国携手共创绿色明天。

4. 视角化策略

视角化策略是指讲话者通过不同的视角来表达自己的看法或立场。在对事件进行报道、描述过程中，作者通过选择不同的视角将自己的观点融入其中。

例 13：国务院总理李克强在闭幕式致辞中指出，这是一场文明互鉴的绿色盛会……这是一场创新荟萃的科技盛会……这是一场走进自然的体验盛会……②

例 14：国际展览局秘书长文森特·冈萨雷斯·洛塞泰斯高度评价北京世园会。他说，北京世园会精彩非凡，成为展示绿色生活、可持续发展和改善生活质量的一扇窗口……为实现人类更加绿色的未来做出了贡献。③

例 15：国际园艺生产者协会主席贝尔纳德·奥斯特罗姆表示，北京世园会经过精心设计，为游客提供了舒适体验，同时这些场馆今后还能继续得到使用。中国近年来愈加注重生态发展……这一立

---

① 王石川：《北京世园会闭幕，绿色发展永不落幕》，人民网，2019 年 10 月 10 日，https：// opinion. people. com. cn/n1/2019/1010/c1003-31392820. html，最后访问日期：2020 年 4 月 27 日。

② 《2019 年中国北京世界园艺博览会圆满闭幕》，人民网，2019 年 10 月 10 日，http：// ydyl. people. com. cn/n1/2019/1010/c411837-31390814. html，最后访问日期：2020 年 4 月 27 日。

③ 《绿色满园　世界共襄——国际社会积极评价北京世园会成功举行》，新华网，2019 年 10 月 9 日，http：//www. xinhuanet. com/politics/2019-10/09/c_1125084557. htm，最后访问日期：2020 年 4 月 27 日。

场令人赞赏。①

例 16：网友 louisa 表示，出园的时候碰巧走了园区南路，没想到有意外惊喜。路旁按照北京不同的区有一些室外的展览，各种园艺景观非常美……也会有一些特色的互动项目，非常推荐。②

例 13、例 14、例 15、例 16 中人民网及新华网的相关报道，从国家领导人、国际社会、国内民众视角出发，通过他们的看法与评价来表达观点，进一步表明 2019 年北京园艺博览会的积极意义。北京作为东道主，积极筹备并成功举办 2019 年北京世园会，受到了国内外的一致好评。此次世园会为来自世界各地的参与者提供了展示绿色方案的平台，为各国人民共建美丽家园提供了交流互鉴的平台，激发了人们为绿色未来做出贡献的意愿，充分展现了中国为地球更绿做出的贡献，也体现了北京为美丽中国形象做出的努力和北京作为国际交往中心的格局。

5. 强化/弱化策略

强化/弱化策略即通过语气助词、反义疑问句、虚拟语气、模糊表达等方式来强化/弱化话语的言外之意，进而修饰话语中所包含的认知与意义。③

例 17：距离园区不远的延庆康庄镇，大片的油松、侧柏、国槐、杨柳等苍翠茂密，微风吹过，树叶簌簌作响，树旁野花怒放。20 世纪 90 年代前，这里被称为"南荒滩"，土地沙化，贫瘠荒凉，"一年一场风，从春刮到冬"。

---

① 《绿色满园　世界共襄——国际社会积极评价北京世园会成功举行》，新华网，2019 年 10 月 9 日，http://www.xinhuanet.com/politics/2019-10/09/c_1125084557.htm，最后访问日期：2020 年 4 月 27 日。

② 《绿色盛会 收获礼赞》，人民网，2019 年 10 月 11 日，http://society.people.com.cn/n1/2019/1011/c1008-31392921.html，最后访问日期：2020 年 4 月 27 日。

③ Martin Reisigl & Ruth Wodak, "The Discourse-historical Approach (DHA)," in Ruth Wodak & Michael Meyer, eds., *Methods of Critical Discourse Analysis* (2nd Edition), Peking University Press, 2014, pp. 87-121.

例 18：如今的延庆，因多年持续造林绿化，森林覆盖率从新中国成立初期不足 7%，增长到现在的 59.28%……成为京北一道绿色生态屏障。①

例 17、例 18 中使用了对比修辞，延庆康庄镇 20 世纪 90 年代前"土地沙化，贫瘠荒凉"，而现在"大片的油松、侧柏、国槐、杨柳等苍翠茂密，微风吹过，树叶簌簌作响，树旁野花怒放"，森林覆盖率由新中国成立初期的不足 7% 增长到现在的 59.28%，是原来的 8 倍多。通过延庆"南荒滩"与"京北一道绿色生态屏障"的对比，强化了北京对绿色发展的执着追求，突出了北京在生态文明建设方面取得的成效。

例 19：这是一场文明互鉴的绿色盛会，促进了各国文明交流、民心相通和绿色合作。这是一场创新荟萃的科技盛会，展现了绿色科技应用的美好前景。这是一场走进自然的体验盛会，中外访客用心感受环保与发展相互促进、人与自然和谐共处的美好。②

例 19 中"这是一场……盛会……这是一场……盛会……这是一场……盛会……"通过排比句加强了语气，增强了气势，集中表达了北京世园会为世界各国文明、绿色科技应用等提供了一个交流合作的平台，带来了世界的绿色盛会、世界的科技盛会、走进自然的体验盛会。展现出中国既为我国生态文明谋发展，又为世界生态文明建设创造条件的国家形象。

---

① 《难忘的"世园记忆"共同的绿色追求——写在北京世园会闭幕之际》，新华网，2019 年 10 月 8 日，http://www.xinhuanet.com/politics/2019-10/08/c_1125080327.htm，最后访问日期：2020 年 4 月 27 日。

② 《2019 年中国北京世界园艺博览会圆满闭幕》，人民网，2019 年 10 月 10 日，http://ydyl.people.com.cn/n1/2019/1010/c411837-31390814.html，最后访问日期：2020 年 4 月 27 日。

五　北京国际交往中心建设的话语传播

2019 年北京世园会传播了生态文明理念，推动了绿色发展。亿万人聆听了世园故事，将绿色发展理念向全世界广泛传播。北京世园会是展示生态文明建设成果、传播绿色发展理念的重要窗口，也是文明交流互鉴的平台。国家领导人在世园会开幕式及闭幕式上的致辞以及世园会的相关报道是对外话语体系的重要组成部分，在塑造和提升国家形象方面发挥了积极作用，也促进了北京国际交往中心建设，并对其话语传播提供了新理念、新策略。

（一）融入中国故事

2019 年北京世园会的相关报道中，单方面介绍国家政策、北京政策与措施的较少，更多地是使用论辩策略、强化/弱化策略将政策与措施融入具体的事例中，通过这种方式侧面向世界展示了中国坚持绿色发展的理念及改善环境的决心，通过具体的中国故事证明重视生态环境能够让中国更加蓬勃发展。如甘肃八步沙林场、青海三江源国家公园、河北塞罕坝林场、雄安新区千年秀林、北京城市副中心城市绿心等，都是用中国故事诠释生态文明理念。把北京故事交织在中国故事中，在北京国际交往中心政策宣传上，拒绝单一静态的话语传播，而是融入中国故事，通过讲好中国故事形成北京国际交往中心建设的新话语框架。

（二）多元表达

2019 年北京世园会的相关报道采用了视角化策略，从国内民众、国家领导人、国际社会等不同视角出发，通过多立场的表达方式，建立起多元的话语表达方式，展示真切的世园会以及中国国家形象和北京城市形象。北京国际交往中心建设的话语传播突出多元、多立场的理念，使得传播的内容更加具有真实性及故事性。北京世园会的成功举办，坚定了北京举办更多重大国际会议会展、体育赛事的决心，体现北京致力于打造具有中国特色、北京特色的品牌性公共外交。各会议会展、体育赛事具有各自的特色与理念，与之相对应的是不同的表达方式与话语体系，将其与北京国际交往中心相关联并进行整合，这样的话语传播体制不仅可以丰富北京国际交往中心的传播内容、传播方式和传播渠道，还可以让北京国际交往中心与不同会展会议、体育赛事的实际情况相结合，发挥特色优势，完善北京国际交往中心话语建设。

（三）增强互动

北京世园会的相关报道使用了具体互文，运用提及和引用的互文手段增强了互动性，引发了共鸣。在全球化时代，新媒体快速兴起并广泛普及，传播方式和舆论格局也产生了深刻的变革。传统媒体主要是单向传播，而新媒体具有较强的交互性，促进传播发生裂变效果。面对新形势，要推动传统媒体与新兴媒体融合发展，形成立体多样的现代化传播体系，充分利用已有资源全方位、多角度地传播国家形象。这些对北京国际交往中心建设话语传播的启示在于，应充分利用好首都对外交往的宝贵资源，统筹北京科技与文化优势，统筹国内、国外两种资源。增强交互性，不仅要带动全球性科教、文化资源流入，同时要积极传播我国的传统文化。发挥人民共同参与的力量，打造民间外交活动特色品牌，发出中国声音。在传播学研究领域，通过共同体验产生的具有广泛认同性的"通感"能够提升传播效果。而共同体验基于文化认同，会激发情感共鸣，使人们忽略不同的语言和风俗。北京国际交往中心话语建设应凸显文化属性，寻找中国文化与全球大众文化的契合点，让世界感知中国。通过世园会打造绿色北京的形象就是一项寻找契合点的努力。

六 结语

本文运用沃达克语篇历史研究方法，分析 2019 年北京世园会的相关报道，发现其使用所指策略、谓语指示策略、论辩策略、视角化策略以及强化/弱化策略，来彰显国家大力推进生态文明建设、着力解决生态环境问题以及建设绿色中国、美丽中国的决心，建构出北京作为国际交往中心的多重形象，例如全球生态文明建设的重要参与者、贡献者、引领者。

世园会的相关报道在塑造和提升北京国际交往中心形象上发挥了积极作用，对北京国际交往中心建设的话语传播也提供了一些参考。在政策宣传上，北京国际交往中心可融入中国故事以形成新话语框架。在功能建设上，应打造品牌公共外交，丰富北京国际交往中心的传播内容、传播方式和传播渠道，完善话语建设。在资源整合上，推动传统媒体与新兴媒体融合发展，形成立体多样的现代化传播体系。凸显北京国际交往中心的文化属性，带动全球性科教、文化资源流入的同时积极传播我国传统文化，在话语传播过程中增强交互性。

从中关村的报道看国际
交往中心媒体话语策略

王　磊　霍丽云*

一　研究背景及意义

北京作为首都，近年来不断推进国际交往中心功能建设，城市国际化发展水平快速提升，日益受到社会各界的广泛关注。北京是中国特色大国主场外交的核心承载地，随着国家外交战略的实施，将有越来越多的重大国际活动在北京举办，如何进一步加强国际交往中心建设已成为具有重要历史使命意义的课题。2017 年 9 月 29 日，《北京城市总体规划（2016 年—2035 年）》正式发布，规划的第一章第一节就明确了北京城市战略定位是全国政治中心、文化中心、国际交往中心、科技创新中心。① 北京国际交往中心建设的功能定位主要表现在：国家外交和国际交往活动的核心承载地，国际文化交流枢纽，具有影响力的国际科技交流合作中心，国际资源聚集高地，国际化服务环境示范城市，汇集国际资源、带动区域经济发展。②

---

* 王磊，北京第二外国语学院教授，研究方向为话语分析；霍丽云，天津商业大学 2018 级硕士研究生，研究方向为话语分析。

① 《北京城市总体规划（2016 年—2035 年）》，北京市人民政府网站，2017 年 9 月 29 日，http://www.beijing.gov.cn/gongkai/guihua/wngh/cqgh/201907/t20190701_100008.html，最后访问日期：2020 年 4 月 27 日。

② 刘波：《国际交往中心与"一带一路"倡议协同发展的战略措施》，《前线》2018 年第 3 期。

北京国际交往中心建设是中国开展对外交流、参与国际事务的必然要求，北京是向世界展示中国国家形象的首要窗口。国际交往中心建设是城市国际化发展的新要求。周鑫宇指出，城市环境的改善，国际活动的聚集，需要城市各方面水平的整体提升，尤其要重视科技创新中心、全国文化中心与国际交往中心建设的协同关系。① 因此，强化国际交往功能，建设国际城市，需要大量现存资源与潜在资源的支持，其中自主创新能力为城市发展提供动力支撑，而中关村科技园区位于北京市科技、智力、人才和信息资源最密集的区域，作为中国创新发展的一面旗帜，应面向未来，加快向具有全球影响力的科技创新中心进军，在北京国际交往中心建设过程中，中关村的影响力不断提升，其形象建构对北京城市形象尤为关键。因此，本文旨在通过对北京媒体关于中关村相关报道的话语策略分析，研究媒体建构的中关村形象，从而探析媒体话语策略及其传播对北京国际交往中心建设的启示与建议。

二 理论基础

语篇历史研究方法作为批评话语分析的主要流派，认为话语分析应从三个维度展开：（1）语篇的主题；（2）语篇的话语策略；（3）语篇实现主题和话语策略的语言手段。②

本文分析基于 Reisigl 和 Wodak 关于话语策略的相关论述、修辞以及新闻报道的话语特点，分别对本文语料进行述谓策略、论辩策略、修辞策略、视角化/框架化策略以及互文性策略分析。③ 述谓策略指对特定社会群体、客体、现象、事件及过程和行动积极或消极的话语修饰或限定（discursive qualification）；论辩策略是用来证实文本中命题的正面性或负面性，通常是通过使用一些由前提和结论组成的惯用语句

---

① 周鑫宇：《国际交往中心建设的新内涵》，《前线》2018 年第 9 期。

② C. Hart, *Critical Discourse Analysis and Cognitive Science: New Perspectives on Immigration Discourse*, Palgrave, 2010.

③ Martin Reisigl & Ruth Wodak, "The Discourse-historical Approach (DHA)," in Ruth Wodak & Michael Meyer, eds., *Methods of Critical Discourse Analysis* (2nd Edition), Peking University Press, 2014, pp. 87-121.

（topos），引导听者对诸如定义、益处、无效、危险或威胁这些论题（topoi）进行逻辑判断，以达到说服的目的；视角化/框架化策略指对文本作者的观点进行立场化的话语分析，用以表明文本作者对某一立场的有意参与或刻意疏离。①

三　媒体话语策略分析

本文通过对 2019 年《北京日报》中关于中关村的报道进行相关性筛选，以有效相关性较大的 54 篇报道为语料，定性分析了这些报道对中关村形象的建构，从而探寻话语策略及传播对提升北京城市形象和加强北京国际交往中心建设的启示。

（一）述谓策略

述谓策略关注行为主体与客体之间的关系如何通过话语建构，其具体表现形式是在谓语成分中使用有否定意义或肯定意义的修饰语，其目的是对社会活动者赋予正面的褒义或负面的贬义。语篇历史研究方法认为对语篇中使用这个策略的情况进行分析，可以看出语篇对社会活动者的态度。哈特（Hart）指出述谓策略可以从句法（syntax）、语义（semantic）以及语用资源（pragmatic resources）等方面实现。② 具体包括：赋予对象特定特征的形容词、介词短语与关系从句，赋予对象特定特征的数词和量词，以具体方式描述行动与事件并赋予对象特定数量及特征的动词和名词化动词，赋予指示物特定内涵的名词。此部分主要包括及物性分析与词语选择。

1. 及物性分析

及物性系统是英语中表现概念功能的一个语义系统，包括六种过程：物质过程、心理过程、关系过程、行为过程、言语过程和存在过程。物质过程是指做某件事的过程，一般由动作动词来体现；关系过程

① C. Hart, *Critical Discourse Analysis and Cognitive Science*：*New Perspectives on Immigration Discourse*, Palgrave, 2010.

② C. Hart, *Critical Discourse Analysis and Cognitive Science*：*New Perspectives on Immigration Discourse*, Palgrave, 2010.

是反映事物之间处于何种关系的过程；心理过程是表示"感觉""反应""认知"等心理活动的过程；存在过程是表示某物存在的过程；行为过程指诸如呼吸、咳嗽、叹息、做梦、哭笑等生理活动过程；言语过程是通过讲话交流信息的过程。①

通过大致统计，《北京日报》对于中关村的报道，多是物质过程，又主要分为两种情况。第一种是中关村采取了某些措施，最后达成了某种效果；第二种是表达某主体以后将会采取某些措施，表达未来目标。

例1：中关村先后实施科技成果转化"三权"改革、境外并购外汇管理、投贷联动、"国际人才20条"等多项改革试点，在科技成果转化、税收制度创新、人才国际化、科技金融等领域积极探索可复制、可推广的经验，形成了跨层级、跨部门的协同创新组织模式和促进科技创新的政策框架体系，带动形成了促进科技成果转化和激励科技人才的政策体系，成为世界顶尖人才聚集和众多前沿创新成果涌现的基础性条件。②

例2：蔡奇指出，面向未来，我们要把握全球科技创新前沿趋势，持续加强科学技术攻关，努力打造世界级的原始创新策源地。要加大先行先试力度，营造一流营商环境，努力打造新时代深化改革的试验田。要推动科技和经济融合发展，大力发展人工智能、5G、集成电路、生物医药等高技术产业和新兴产业，使中关村成为世界一流科技企业的栖息地，努力打造引领高质量发展的新高地。要不断强化创新开放合作，广泛集聚国际创新要素，努力打造全球创新网络的关键枢纽。③

例1通过物质过程对中关村实施各项举措，最后取得的成效进行报

---

① 胡壮麟、朱永生、张德禄、李战子：《系统功能语言学概论》，北京大学出版社，2005。
② 《中关村加速》，《北京日报》2019年2月26日，第5版。
③ 《2019中关村论坛在京开幕 蔡奇宣读贺信并致辞 王志刚白春礼怀进鹏李伟出席》，《北京日报》2019年10月18日，第1版。

道，建构了中关村重在落实，强调其具体行动力带来的物质世界的改变。例2通过转述北京市委书记蔡奇对中关村的发展方向以及战略目标的指示和要求，表达未来中关村的定位，向读者展示了中关村未来发展明确而具体的形象，并且通过具体措施的介绍，说明中关村将会成为未来科技创新交流的重要平台、原始创新的主要策源地、深化改革的试验田、世界一流科技企业的栖息地、引领高质量发展的新高地以及全球创新网络的关键枢纽，这样的报道给读者以对未来的期待，同时做到了具体可视化，不会让读者觉得夸大事实。

报道中的关系过程也较多，关系过程是用来表明事物之间的关系和说话人的态度，以进行评价和判断最直接的方式。此过程在报道中较为突出的表现就是某事物在某一层面上或某种程度上等同于另一事物，即"……是（或成为、即、形成）……""作为……""有……的美誉（或享有……之称、被誉为……）"等表达方式和句法结构，通过关系过程，媒体对中关村的积极评价及定位就显而易见，使读者能对中关村形象有更加直观的感知与理解。

2. 词语选择

常用的词语按其感情色彩可以分为积极和消极两种。通过分析《北京日报》对中关村的报道，积极正面词语大大超过负面消极词语，负面词语主要集中于对中关村没有转型之前落后状态面貌的叙述，积极词语的大量使用体现出中关村的积极形象，中性词语体现出新闻报道的文体特征。

（二）论辩策略

论辩策略是话语使用者在证明或质疑某些声明的真实性和正确性时采用的逻辑推理方法，通过运用此策略，可以证实正面和负面的描述。说话者往往使用语篇历史研究方法的论辩策略。所涉及的论辩题目包括有用/有利，无用/无利，定义，危险或威胁，累赘，责任，数字，法律和权利，历史等。对这些题目做出肯定或否定的判断，可以达到正式证明或负面描述的论辩目的。

1. 定义

以"定义"为论题的惯用语句是指如果一种行为或者行为主体被命名为 X，那么这些行为或者主体就承载了 X 的特征。① 例如：

例 3：中关村，素有"中国硅谷"之称。②

例 4：中关村国家自主创新示范区是中国科技创新的高地、改革创新的"试验田"和"先行区"……③

例 5：北京是具有全球影响力的科技创新中心，中关村是我国创新发展的一面旗帜。④

例 6：中关村，北京最有名的"村"。⑤

例 7：从科研机构和院校的聚集地，到冲破藩篱"下海"探路的试验田，再到高新企业迭代升级的"孵化器"……

例 8：中关村已成为京津冀协同创新的主阵地和先行者……已成为京津冀科技创新方面的"领跑者"。⑥

例 9：中关村成为"洋创客"们来华创新创业的首选之地。⑦

例 10：第一个国家级高新区、第一个全国自主创新示范区、第一个国家级人才特区……如今的中关村，早已不仅仅是一个地理概念，它已经成为一面旗帜、一个符号、一种象征，是北京担当全国科技创新中心的重要依托，是中国参与全球科技和产业竞争的前沿阵地。⑧

例 11：以中关村大街、创业大街、智造大街为标志的中关村

---

① Ruth Wodak，"The Discourse-historical Approach," in Tian Hailong and Zhao Peng, eds., *Critical Discourse Analysis：Essential Readings*，Nankai University Press，2012，pp. 226–262.
② 《丝路画卷北京情：创新之花丝路绽放》，《北京日报》2019 年 4 月 25 日，第 T03 版。
③ 《中关村将"未来"带上京交会"AI 空间站+主题论坛"集中展现科技创新成果》，《北京日报》2019 年 5 月 30 日，第 8 版。
④ 《国际科创风向标》，《北京日报》2019 年 10 月 16 日，第 T01 版。
⑤ 《汇聚创新智慧 共创美好未来》，《北京日报》2019 年 10 月 17 日，第 T01 版。
⑥ 《2019 年京津冀蓝皮书发布 7000 家中关村"分号"领跑协同创新》，《北京日报》2019 年 7 月 5 日，第 10 版。
⑦ 《创新之花丝路绽放》，《北京日报》2019 年 4 月 25 日，第 T03 版。
⑧ 《汇聚创新智慧 共创美好未来》，《北京日报》2019 年 10 月 17 日，第 T01 版。

科学城，依然是北京创新资源最密集、创新活动最活跃的区域。①

例12：中关村地区每年举办上万场国际交流合作活动，已成为全球知名的创新创业活跃区。"中国硅谷"中关村正一步步走向"世界的中关村"。②

从这些例子中可以看出，定义惯用语句通过"是""成为"以及同位语表达等具有语法功能的关系词实现，通过惯用语句建构出中关村作为一个科技园区，是北京甚至中国影响力极大的科技创新平台和基地。在北京国际交往中心话语建设的过程中，媒体传播与报道应当强化北京"四个中心"的战略定位，强化对北京建设国际交往中心的决心与潜力的认同。

2. 益处

以"益处"为主题的惯用语句指的是如果某种行为是有益的，那么人们就必须实践这种行为。③ 本文语料对中关村的相关报道中，多处采用此惯用语句，强调中关村所采取的改革创新举措有利于中关村的良性发展，有利于北京作为科技创新中心的建设，因此，对中关村的积极报道有利于北京城市形象的建构，有利于进一步促进北京的转型发展。这也说明北京国际交往中心话语建设也伴随着北京的发展，与北京的发展互相助益。

3. 危险、威胁和负担

以"危险或威胁"为论题的惯用语句是指如果某种行为可以导致危险的结果，就不要让这种行为发生。如果有危险存在，那么我们就要采取措施避免危险。④ 以"负担"为主题的惯用语句被认为是一个特定

---

① 《创新中国的首都使命》，《北京日报》2019年9月24日，第T01版。

② 《世界500强企业亮出前沿成果 国外顶尖高校扎堆秀创新"世界的中关村"步步走来》，《北京日报》2019年10月17日，第T02版。

③ Ruth Wodak, "The Discourse-historical Approach," in Tian Hailong and Zhao Peng, eds., *Critical Discourse Analysis：Essential Readings*, Nankai University Press, 2012, pp. 226-262.

④ Ruth Wodak, "The Discourse-historical Approach," in Tian Hailong and Zhao Peng, eds., *Critical Discourse Analysis：Essential Readings*, Nankai University Press, 2012, pp. 226-262.

的因果关系的主题，指的是如果一个人、一个机构或一个国家遇到特定的问题，那么每个人都应该采取行动以减轻这些负担。① 本文语料《始于信 致于新 专注服务科技型中小微企业的经营之道——写在北京中关村科技融资担保有限公司成立 20 周年之际》一文总体采用问题-解决的结构，提出中关村担保人的三大问题，紧接着去解决这些问题，并提出了具体方法。此惯用语句的运用，进一步强调了中关村这个模式是商业可持续、风险可防控的模式，是公司历经 20 年不懈探索，贡献给中国担保行业的经典样本，对我国担保行业如何发展具有重要借鉴意义。②

《构建更加有效的首都治理体系——破除体制机制桎梏、释放创新创业活力》一文从标题就可以看出，破除体制机制桎梏与示范创新创业活力的内在逻辑，当中关村面临体制机制问题时，只有破除才能走向发展。"找准关键，突破制约科技创新发展的痛点和瓶颈。瞄准前沿颠覆性技术，打通堵点、痛点"也是运用了这一惯用语句。③ 北京国际交往中心话语要直面国际交往中心建设中存在的问题，直接回应质疑，并有针对性解决问题，才能使国际交往中心建设取得成功。而且这些问题应该是与具体问题相联系的问题，因此，在具体事例中回应问题、阐述进展更有利于北京国际交往中心话语建设。

4. 责任

以"责任"为主题的惯用语句指的是特定的社会问题由某个国家或群体负责，那么它/他们就应该为此问题寻求解决方法。④ 随着十八大报告将生态文明建设加入中国特色社会主义事业，保护环境、节约资源已成为企业履行社会责任的重要表现，中关村作为科技园区，也在创新发展的过程中履行社会责任，例如，报道提到了在 2019 年中关村论

① Ruth Wodak, "The Discourse-historical Approach," in Tian Hailong and Zhao Peng, eds., *Critical Discourse Analysis*: *Essential Readings*, Nankai University Press, 2012, pp. 226-262.

② 《始于信 致于新 专注服务科技型中小微企业的经营之道——写在北京中关村科技融资担保有限公司成立 20 周年之际》，《北京日报》2019 年 12 月 16 日，第 4 版。

③ 《构建更加有效的首都治理体系——破除体制机制桎梏、释放创新创业活力》，《北京日报》2019 年 12 月 27 日，第 T05 版。

④ Ruth Wodak, "The Discourse-historical Approach," in Tian Hailong and Zhao Peng, eds., *Critical Discourse Analysis*: *Essential Readings*, Nankai University Press, 2012, pp. 226-262.

坛上，纳米环保材料环保可降解，可以再利用。又如：

> 例13：面向未来，中关村要加大实施创新驱动发展战略力度，加快向具有全球影响力的科技创新中心进军。"剥掉'白菜帮'，做好'白菜心'"，建设全国科技创新中心，是中央通盘思考谋划、统筹资源条件给北京明确的新的战略定位。中央的信任和鞭策，就是我们必须担当的职责和使命……资源所在，力量所在，也是责任所在。①

党中央对北京的战略目标及定位，是北京必须担当的职责和使命，中关村作为北京创新发展的一面旗帜，也应当以此为职责。创新是国际交往中心的重要特征，北京国际交往中心话语要包含创新话语。

5. 数字

以"数字"为主题的惯用语句指的是运用数字来证实特定的主题，从而证明某项行动应当/不应当被执行或实施。② 新闻报道中数字是必不可少的，此惯用语句贯穿本文语料的所有新闻语篇，使得报道更加科学准确、有说服力，为中关村形象建构起到了重要作用，如：

> 例14：在过去的一年时间内，中关村科学城建设全面提速，创新层次和能级实现了新提升，保持了高质量发展良好态势，地区生产总值突破6400亿元，同比增长7.5%以上。高新技术企业保持快速发展，国家级高新技术企业数量历史性突破一万家，占全市的45%。以数字经济、平台经济、创客经济为代表的新经济动力澎湃，独角兽企业达到31家，约占全国的五分之一。③

---

① 《汇聚创新智慧 共创美好未来》，《北京日报》2019年10月17日，第T01版。
② Ruth Wodak, "The Discourse-historical Approach," in Tian Hailong and Zhao Peng, eds., *Critical Discourse Analysis*：*Essential Readings*, Nankai University Press, 2012, pp. 226-262.
③ 《推进全国科创中心建设 "三城一区" 建设全面发力》，《北京日报》2019年1月14日，第5版。

例 15：刚刚过去的 2018 年，他们交上了一份十分亮眼的成绩单：入驻企业总量达 277 家，重点企业产值 17 亿元。其中，科技型中小企业占比超七成，北京企业占比超过一半。双子座大厦接近满员，2016 年才启动运营的创新基地已引入多个重大产业化项目，入驻率近 70%。[①]

例 16：近年来，中关村不断出台政策，加大"引才、用才、留才"力度，鼓励科技创新。目前，中关村已有近万名外籍人才和 3 万多名海归人才汇聚。受益于这些高端人才，2018 年，中关村企业共申请专利 86395 件，获得专利授权 53982 件。中关村同时还成为全国重大原创技术的源头，截至 2017 年底，示范区企业和产业联盟主导创制的国际标准达 330 项，是 2013 年的 2.5 倍。[②]

例 14 的报道通过对中关村 2018 年的生产总值、高新技术企业以及独角兽企业数量进行具体的描述，更加客观准确地说明了中关村科学城发展迅速，保持良好的发展态势，高新技术企业快速发展，新经济动力发展势头足；例 15 的报道对中关村 2018 年入驻企业数量及重大产业项目入驻率的描述，体现了中关村发展势头良好；例 16 的报道通过具体数字体现出中关村出台政策鼓励科技创新的成果。北京国际交往中心话语应该真实、可信，具体的数字必不可少。

6. 法律

以"法律"为主题的惯用语句指的是如果法律条规允许、规定或者禁止做某事，则行为主体可以、必须或不得做某事。[③] 例如，在 2019 年 2 月 27 日报道《中关村丰台园发布"创新 2 条"》中提到了中关村丰台园发布"创新 12 条"（即《中关村丰台科技园支持高精尖产业发

---

① 《"这里始终是创新的前沿阵地"》，《北京日报》2019 年 2 月 26 日，第 7 版。

② 《82 家！北京独角兽企业占全国四成》，《北京日报》2019 年 5 月 21 日，第 1 版。

③ Ruth Wodak, "The Discourse-historical Approach," in Tian Hailong and Zhao Peng, eds., *Critical Discourse Analysis: Essential Readings*, Nankai University Press, 2012, pp. 226-262.

展和科技创新的措施》），① 以及 5 月 27 日报道中提到海淀区发布《关于加快中关村科学城人工智能创新引领发展的十五条措施》《关于支持中关村科学城智能网联汽车产业创新引领发展的十五条措施》两个产业政策，通过制定法律政策，为中关村的发展提供法律保障。② 又如：

> **例 17**：由中关村管委会发布的《关于促进中关村国家自主创新示范区药品医疗器械产业创新发展的若干措施》共 25 条，从药品医疗器械技术创新、专业化平台建设、企业开拓市场、优化创新创业生态、国际化发展、特色园区建设等六个方面给予全方位支持。……中关村管委会还发布了《关于进一步促进中关村知识产权质押融资发展的若干措施》……③

正是很好地贯彻执行了以上制定的各种法律政策，保障了中关村各主体的相关权益，取得了良好效果，因此中关村企业规模、创新能力及人才积极性有效提升，中关村创新能力不断发展与人才聚集，为缓解企业的问题发挥积极作用。因此，在北京国际交往中心话语建设过程中，应当加强关于法律政策创新与保障的话语，尤其是有关人才计划与培养方面的体制机制，为国际交往中心提供法律保障的话语。

7. 历史与文化

如果以"历史"为主题的惯用语句指的是历史上某种行为造成了特定的后果或影响，那么就应该摈弃或者执行类似于历史上的这种行为。④ 同样地，历史上某种行为形成了良好效应，人们就应该去执行类似于历史上的这种行为，本文语料对中关村的新闻报道，多次提及中关

---

① 《中关村丰台园发布"创新 12 条"》，《北京日报》2019 年 2 月 27 日，第 10 版。
② 《重大项目最高支持二亿元 海淀发布"人工智能"等领域扶持政策》，《北京日报》2019 年 5 月 27 日，第 3 版。
③ 《把脉全球创新大势 推开未来发展之门 2019 中关村论坛圆满落幕》，《北京日报》2019 年 10 月 24 日，第 4 版。
④ Ruth Wodak, "The Discourse-historical Approach," in Tian Hailong and Zhao Peng, eds., *Critical Discourse Analysis: Essential Readings*, Nankai University Press, 2012, pp. 226-262.

村的历史，如：2019 年 8 月 27 日报道《特楼芳华》，主题为纪念中关村特楼的历史、现状以及今后的发展方向，旨在体现中关村在快速发展的同时，深刻铭记老科学家们的作风、品格和精神，将历史建筑视为精神载体，这对中关村的形象塑造有积极作用。① 可以从历史中寻找能够对北京国际交往中心具有精神传承意义的话语。

（三）修辞策略

1. 隐喻

"隐喻的本质就是通过另一种事物来理解和体验当前的事物。"②"概念隐喻体系在我们的语言和概念形成过程中起着重要作用，对于我们的认知活动来说是不可或缺的。"③ 隐喻概念建构了新闻的感知。在本文选取的新闻报道中，出现了大量的概念隐喻，旨在通过概念隐喻让新闻语篇更易懂，为读者所接受。

《科技突破的不竭动能》中"过去五年的实践证明，面对实现更高质量发展的大考，北京交出了一份优秀的创新答卷"一句，将全国的发展对各个城市的考验喻为大考，将北京的创新发展喻为答卷，通俗易懂，体现出北京创新能力在全国处于领先地位；④ "位于北京的大企业开放创新中心数量持续领跑全国"⑤ 中"领跑"巧妙运用隐喻，突出了北京大企业开放创新，在全国处于领先位置；"人工智能，早已成为中关村的一张金'名片'"中将人工智能喻为中关村的"名片"，意味着人工智能是人们认识中关村最有标志性的特征；⑥ "创新是其原始创新实力持续提升的'密码'"将创新喻为中关村实力提升的密码，只有创新才可以促进中关村不断发展；"（北京金融街，中关村）作为一滴颇具代表性的'水珠'，折射出新时代北京高质量发展的光芒"将金融

---

① 《特楼芳华》，《北京日报》2019 年 8 月 27 日，第 9 版。
② G. Lakoff and M. Johnson, *Metaphors We Live by*, The University of Chicago Press, 1980.
③ 蓝纯：《认知语言学与隐喻研究》，外语教学与研究出版社，2005。
④ 《科创突破的不竭动能》，《北京日报》2019 年 2 月 26 日，第 6 版。
⑤ 《大企业追寻创新灵感 北京成首要目的地》，《北京日报》2019 年 6 月 16 日，第 2 版。
⑥ 《中关村去年"高精尖"产业总收入占比超七成 突破前沿的创新密码》，《北京日报》2019 年 4 月 9 日，第 1 版。

街和中关村喻为可以折射出北京发展的水珠。这些隐喻恰当、有力,且通俗易懂。①

2. 借喻

借喻即以喻体直接代替本体,从而说明本体。它无喻词和本体,本体、喻体的关系比暗喻又更进一层,是比喻的最高形式。由于不出现本体,省去了许多直白的文字,结构更紧凑,表达更含蓄、精练,给读者留下了更丰富的想象空间。

本文选取的《北京日报》对中关村的报道中,大量使用了此种修辞,具有良好效果。例如,"中关村按下科技成果转化'快速键'……科技成果转化'火花'活动举行"运用概念隐喻,将中关村的科技成果转化与快速键的启动和火花的效果联系起来;②"'三城一区'茁壮成长,得益于破'框框'去'藩篱'",将三城一区所面临的体制机制、管理模式和经营模式的问题和阻碍因素喻为"框框"和"藩篱";③"从基础科研到高精尖产业,都确保了科研成果在北京有研发的'摇篮',有应用的'沃土'",将中关村喻为北京科研成果研发的摇篮和沃土;④"剥掉'白菜帮',做好'白菜心'",⑤将减量发展疏解非首都功能,集中加快构建"高精尖"经济结构的措施喻为剥白菜帮和做白菜心。以上这些借喻生动形象,易于理解,更吸引读者。

3. 对比

对比手法是把两个相反、相对的事物或一个事物的相反、相对的两方面放在一起加以叙述。在本文语料中,多次出现中关村过去和现在的对比,如:

例 18:如今的大望京,昔日忙碌的工程车已对脚下这片土地

---

① 《创新中国的首都使命》,《北京日报》2019 年 9 月 24 日,第 T01 版。
② 《中关村按下科技成果转化"快速键"300 余项新产品亮相双创周北京会场 科技成果转化"火花"活动举行》,《北京日报》2019 年 6 月 18 日,第 8 版。
③ 《创新中国的首都使命》,《北京日报》2019 年 9 月 24 日,第 T01 版。
④ 《种好科技创新"试验田"是北京的使命》,《北京日报》2019 年 10 月 23 日,第 3 版。
⑤ 《创新中国的首都使命》,《北京日报》2019 年 9 月 24 日,第 T01 版。

进行了颠覆性的重造，曾经的小村庄实现了"化茧成蝶"的华丽变身，逐渐成为具有创新活力的国际一流城市地标建筑群，为国际知名企业构筑最具影响力的商务平台。预计全部项目正式投入使用后，大望京科技商务创新区年总收入将达到千亿规模、税收近百亿元。①

例 19：过去三年，上百家企业、数千件机器人产品参与的世界机器人大会，每年都在北人经过改造的老厂房上演。改造后，过去生产印刷机的厂房，摇身一变成了科技会展中心和高科技产业园。经过一段挣扎与转型阵痛后，公司的人均营收，达到原厂的好几倍。②

例 20：从抬头仰望到低头奋斗，从"赶上时代"到"引领时代"，是这个国家一场波澜壮阔、接续奋斗的"长征"。从"0"到"1"的白手起家，再从"1.0"到"2.0"的转型升级。③

例 21：从无到有，从低到高，从分散到聚集……④

例 22：从"粗放"走向"精细"，从"单调"走向"多元"，从"又黑又重"走向"工艺轻巧"。⑤

通过对比的修辞手法，褒义/贬义词的选择，透露出其情感色彩的取向，即更加强调中关村现在的发展十分成功，今昔对比，反差强烈，使得中关村在读者心中的形象更加饱满。

4. 设问与反问

胸中早有定见，话中故意设问，叫作设问。设问可分为两类：一是提配下文而问的，称为提问，这种设问必定有答案在它的下文；二是为激发本意而问，称为激问，这种设问必定有答案在它的反面。本文选取

---

① 《加快创新创业生态体系建设，构建"高精尖"经济结构 中关村朝阳园打造国际研发创新高地》，《北京日报》2019 年 1 月 25 日，第 4 版。
② 《"这里始终是创新的前沿阵地"》，《北京日报》2019 年 2 月 26 日，第 7 版。
③ 《创新中国的首都使命》，《北京日报》2019 年 9 月 24 日，第 T01 版。
④ 《创新中国的首都使命》，《北京日报》2019 年 9 月 24 日，第 T01 版。
⑤ 《创新中国的首都使命》，《北京日报》2019 年 9 月 24 日，第 T01 版。

的语料中多次出现设问, 如:

例 23: 开发区的产业会空心化吗?①

例 24: 疏解非首都功能, 是不是意味着北京就不发展了?②

例 25: 爱奇艺、旷视科技、诺亦腾……这些明星企业都曾是中关村的 "金种子"。而在新的种子里, 谁会是下一个明星? (中关村金种子企业名单)③

例 26: 获评之后, 这些高端领军人才将享哪些优惠政策? (中关村新领域人才政策)④

例 27: 在全国开设相关学科寥寥无几的冷门专业, 也能拥抱创业热潮?⑤

例 28: 机器人不但能爬上海港大桥, 还能从事危险的 "洗刷刷" 工作? (中关村论坛)⑥

例 29: 从普通代码到人们熟知的人脸识别、智能对话、个性化推荐之间距离有多远? (中关村论坛)⑦

例 30: 北京创新为什么能? 原因多样, ……⑧

例 31: 本市的科创力量聚集在哪里? 中关村示范区、"三城一区" 等展区将纷纷登场, 秀出本市创新动力。⑨

例 32: 一边是需要耐得住寂寞的基础学科研究, 一边是洞察

---

① 《"这里始终是创新的前沿阵地"》, 《北京日报》2019 年 2 月 26 日, 第 7 版。
② 《科创突破的不竭动能》, 《北京日报》2019 年 2 月 26 日, 第 6 版。
③ 《中关村发布新一代 "金种子" 企业》, 《北京日报》2019 年 6 月 17 日, 第 11 版。
④ 《中关村启动 "高聚工程" 揽人才 企业首席科学家可获 200 万元资金支持》, 《北京日报》2019 年 8 月 5 日, 第 2 版。
⑤ 《海内外创业者齐秀 "硬科技"》, 《北京日报》2019 年 10 月 17 日, 第 T02 版。
⑥ 《世界 500 强企业亮出前沿成果 国外顶尖高校扎堆秀创新 "世界的中关村" 步步走来》, 《北京日报》2019 年 10 月 17 日, 第 T02 版。
⑦ 《中关村论坛落幕, 吸引数万名公众参与, 发布 18 项重大成果 北京迈向全球创新网络关键枢纽》, 《北京日报》2019 年 10 月 20 日, 第 4 版。
⑧ 《种好科技创新 "试验田" 是北京的使命》, 《北京日报》2019 年 10 月 23 日, 第 3 版。
⑨ 《科技冬奥、"三城一区" 闪耀科博会 高精尖成果彰显北京科创实力》, 《北京日报》2019 年 10 月 25 日, 第 1 版。

市场风向的艰苦创业，如何兼顾？①

这些设问中，前两个属于提问设问，后面答案是否定的；其余均为激问，后面给出的是肯定答案。通过自问自答的形式，更能够引发读者思考，循循善诱，引导读者，增强新闻语篇的可读性。

（四）视角化／框架化策略

荷兰阿姆斯特丹大学话语研究教授梵·迪克（Teun A. van Dijk）认为，新闻修辞不仅限于使用常见的修辞手法，它还包括为增加新闻报道的真实性、合理性、正确性、精确性和可信度而使用的策略性手段。这些策略包括大量使用数据，选择消息来源，选择相关性关系，描述事件时采用意识形态视角，使用具体文本或态度图式，有选择地利用可靠的、官方的、广为人知的，特别是有较高可行度的个人和机构的观点，介绍相近而具体的细节，引述目击者或直接参与者的话以及描述情感反应或进行情感吁求。② 运用这个策略，讲话者可以表达他们对语篇设计内容的看法。

报道者在转述他人话语时所采用的方式，即转述形式，主要分为三种：直接转述（direct report，DR）、间接转述（indirect report，IR）和混合转述（mixed speech，MS）。直接转述表示引用的是被转述者的原话，往往带有引号，在直接转述中作为引导句的转述者话语和被转述的话语之间界限分明，前者对后者的介入或影响程度最小，因而被认为是转述方式中最客观的一种。③ 直接引用权威人物话语，令建构的中关村形象变得有据可循、有源可溯、有权威可依，增强了说服力，如本文语料中大量使用"×××说""×××如是说""×××一语道破""×××介绍""×××认为""×××称""×××（对记者）表示""×××指出""×××感慨

① 《构建更加有效的首都治理体系——破除体制机制桎梏 释放创新创业活力》，《北京日报》2019年12月27日，第T05版。
② 吕伊哲：《中美主流媒体关于亚投行英文报道中的转述言语分析》，《天津外国语大学学报》2019年第4期。
③ 〔荷〕托伊恩·A. 梵·迪克：《作为话语的新闻》，曾庆香译，华夏出版社，2003。

万分（向人们分享经验）""×××透露""×××惊叹（感叹）"，对相关主体的话语进行直接引用。与直接转述不同，间接转述是指转述者引用时只忠实于原文的内容而不是措辞。有一种间接转述称为"言语行为的叙述性转述"（narrative report of speech act），主要特征是仅转述所实施的言语行为，而不是具体说了什么。[①] 间接转述仅忠于引文内容而非形式，话语往往是对引文内容的改述或解释，[②] 因而呈现的话语主观性更强。

另外，消息来源是有效增强新闻报道的真实性、客观性和权威性的重要信息，消息来源指的是转述者提供的被转述话语的出处，在转述他人话语时提供具体确切的消息来源是新闻报道的基本要求。[③] 本文中多次明确具体地指出消息来源，增强了报道的权威性与客观性。例如，在5月21日的报道中，根据长城战略咨询近日发布的《2018 年中国独角兽企业研究报告》，北京的独角兽企业已达到82 家，占全国四成。[④] 明确指出统计的消息来源，使得报道更加真实。

（五）小结

语言使用者在交际过程中自觉或不自觉地不断选择语言的句式和词汇来表达自己的观点和态度，并在这个过程中建构社会身份。在本文的研究中，《北京日报》通过选择不同的情态和视角，在保证新闻客观准确的同时，表达了自身的态度和取向，并巧妙运用了各种论辩策略和修辞，增强了新闻语篇的可读性，也建构出中关村以创新为主题的形象。另外，话语实践过程实际上是一个认知过程，即话语只有通过影响话语参与者的社会思维才能影响社会结构，社会结构只有通过社会认知才能影响话语结构。[⑤] 任何话语都必须（至少部分）符合人们原有认知框架

---

① 吕伊哲：《中美主流媒体关于亚投行英文报道中的转述言语分析》，《天津外国语大学学报》2019 年第 4 期。

② 辛斌：《语篇互文性的批评性分析》，苏州大学出版社，2000。

③ 吕伊哲：《中美主流媒体关于亚投行英文报道中的转述言语分析》，《天津外国语大学学报》2019 年第 4 期。

④ 《82 家！北京独角兽企业占全国四成》，《北京日报》2019 年 5 月 21 日，第 1 版。

⑤ T. A. van Dijk, "Principles of Critical Discourse Analysis," *Discourse and Society* 4 (1993): 249–283.

才容易被他人接受，才能对社会现实产生塑造作用。① 所以在新闻报道过程中，对城市形象传播建构也应当多考虑读者以及其他各种因素，使之为更多人所认可和接受。

四　北京国际交往中心建设的启示与建议

中关村的成功离不开自身改革创新的探索和新闻媒体的宣传，同时，它的发展使北京成为全国科技创新中心，也为北京国际交往中心建设提供了内在动力和强大的技术支撑，向世界展示了北京以及中国深化改革开放的形象，进一步促进了北京国际交往中心建设。北京的发展目标是要建设成为对外交往的枢纽、国际资源集聚的平台、展示国家形象的窗口。笔者认为，北京国际交往中心建设应当从自身建设和媒体传播两方面加强。

在自身建设方面，提高软实力，加大对传统文化的话语传播，加快文化旅游发展，打造更多国际知名品牌；加强基础设施建设，提高硬件设施，提高服务质量，承办更多的大型国际会议、论坛等，筹办有国际影响力的科技、经济、文化等高端论坛，提升国际影响力和知名度；改善体制机制与经营模式，促进京津冀协同发展，疏解非首都功能，做好国际交往城市空间规划，完善涉外基础设施建设；吸引跨国公司、国际组织入驻，改善跨国公司经营模式，扩大各个领域的国际交往，提高首都对外开放水平；充分发挥首都高校集聚的优势，完善高校培养机制和教育对国际交往中心的人才支撑，推出有利于培养和发展国际化人才的政策。

在媒体传播方面，主流媒体积极发挥其宣传北京城市形象的作用。首先，注重平衡，注重多维功能，新时代城市传播承载的功能不断增加，传播手段与传播方法更加多元，要重视商贸往来、市民沟通、人文交流等城市外交手段在城市形象传播中的重要价值，不断开发新媒体、

---

① 尤泽顺、陈建平：《话语秩序与对外政策构建：对〈政府工作报告〉的词汇变化分析》，《广东外语外贸大学学报》2009 年第 2 期。

自媒体对于北京城市形象的传播，使非政府主体在社会生活和国际交往等层面充分进行活动传播。从内容上看，政治传播在各类主流媒体内容中所占比重较高。因此，北京其他传播层面的内容呈现，也应随着形势的变化强化整体意识与平衡意识。[①] 其次，优化传播效果，注重文化差异，更加注重媒体话语传播策略，取得良好效果，在新闻语篇方面，注重词汇、句式选择以及发挥修辞运用的效果，使各种策略巧妙结合，增强可读性和趣味性，扩大媒体受众面，同时注意客观以及消息来源准确性等；增强文化传播，塑造"文化北京"形象，增加北京形象元素，运用策略性叙事讲好人文故事，提高交流活动的文化属性与可传播性。北京具有人文交流资源和品牌优势，通过对文化交流进行叙事包装与传播，凸显北京城市传播的优势和特点。

五 结语

基于话语策略相关理论，本文从述谓策略、论辩策略、修辞策略、视角化/框架化策略四个方面切入，呈现《北京日报》中中关村的话语建构策略、实现不同话语策略的语言形式，以及据此建构出的中关村创新引领、双创生态、高质量发展、开放协同、宜居宜业的形象和北京作为科技创新中心的话语战略定位。相对于其他城市，北京作为首都建设国际交往中心有独特内涵，中关村的发展改革以及话语传播的成功经验可资北京国际交往中心话语建设借鉴和学习，加强媒体对北京城市形象和城市发展的宣传，减少国际社会与中国自身对首都形象的错位认知，从而建立起一个清晰、立体、接受度高的首都形象与中国形象。

---

① 慕玲、冯海燕：《城市公共外交视角下的首都形象传播》，《前线》2019 年第 12 期。

从京交会报道看北京媒体形象构建

王　磊　杨卓玉*

一　引言

近年来，北京通过举办各种国际会议、开展友好城市交往等活动，在推进国际交往中心建设的过程中，取得了显著成果。了解北京所呈现的城市形象对于进一步打造国际化大都市、提升北京的国际化程度具有重要意义。

2019 年 5 月 28 日至 6 月 1 日，中国（北京）国际服务贸易交易会（以下简称"京交会"）在北京举行，这一重大事件使得北京城市形象的传播渠道大大扩展。"城市形象"最早是由美国学者凯文·林奇提出，是指城市居民中大多数人对城市物质形态的印象，他主要强调人对城市的感受。[1] 后来学者对这一内涵进行了丰富和拓展，总体来说，城市形象是城市展现给人们的综合形象，包括政治、经济、文化等内在底蕴和外在展现的各个方面。在城市形象塑造和传播的过程中，媒体对城市形象的建构和传播具有独特且显著的影响。[2] 而媒介生产的内容，如新闻语篇，作为一种强势有力的叙述与话语，[3] 直接影响人们对城市的认识和判断，参与社会现实的构建。因此，有关京交会的新闻报道是塑

---

*　王磊，北京第二外国语学院教授，研究方向为话语分析；杨卓玉，天津商业大学 2018 级硕士研究生，研究方向为话语分析。

① 〔美〕凯文·林奇：《城市的印象》，项秉仁译，中国建筑工业出版社，1990。
② 何国平：《城市形象传播：框架与策略》，《现代传播》（中国传媒大学学报）2010 年第 8 期。
③ 胡春阳：《话语分析：传播研究的新路径》，上海人民出版社，2007。

造北京城市形象的重要语篇形式。

二　研究综述

近年来，关于城市形象的研究受到不同领域学者的广泛关注。在知网中输入关键词"城市形象构建"进行检索，发现关于该方面的研究集中在新闻传播学、语言学、城市规划学相关领域。

在新闻传播学领域，郭可、陈悦和杜妍对有关上海城市形象的新闻报道进行了分析，论述了媒体在城市形象生成和塑造中的作用。同时，结合议程设置理论和框架理论，指出了城市形象生成机制的新路径。[1] 高金萍和王纪澎分析了外媒关于北京奥运的报道所呈现的规律，为北京城市形象的塑造和构建提出了相应的策略。[2] 万新娜以《人民日报》中新疆议题的报道为语料，运用框架理论剖析了新疆形象的建构。[3] 除此之外，城市形象的研究还涉及城市宣传片、短视频等多种话语形式。[4] 在语言学方面，张雅萍和任育新从报道主题、话语方式和话语倾向三个方面，分析了英文报刊对甘肃形象的建构。[5] 袁周敏以话语建构论和文化话语研究为框架，探究了新闻话语对南京城市形象的建构作用，并从历时角度阐释了南京城市形象的演进和变迁。[6] 周芬从评价理论态度系统视角出发，主要考察了美国媒体对于浙江城市的接受程度，以此探究

---

① 郭可、陈悦、杜妍：《全球城市形象传播的生成机制及理论阐释——以上海城市形象为例》，《新闻大学》2018 年第 6 期。

② 高金萍、王纪澎：《奥运光环下北京的嬗变——2009—2016 年国外主流媒体关于北京报道的分析报告》，《现代传播》（中国传媒大学学报）2017 年第 6 期。

③ 万新娜：《框架理论下新疆的媒介形象建构——以〈人民日报〉近 10 年报道为例》，《当代传播》2014 年第 6 期。

④ 甄真：《城市形象的影像话语塑造——城市宣传片创作模式读解》，《当代电视》2014 年第 3 期；谭宇菲、刘红梅：《个人视角下短视频拼图式传播对城市形象的构建》，《当代传播》2019 年第 1 期；柳邦坤、顾任玲：《利用短视频传播城市形象的问题及对策》，《传媒观察》2019 年第 9 期。

⑤ 张雅萍、任育新：《国内主流英文报刊 China Daily 中甘肃形象话语建构研究》，《天津外国语大学学报》2019 年第 4 期。

⑥ 袁周敏：《南京城市形象的话语建构》，《外国语言文学》2018 年第 1 期。

媒体对城市形象的话语建构。①

综上可知，新闻传播学主要从内容分析法或议程设置理论等宏观角度对城市形象的建构进行分析。语言学主要从语篇的字词句等基本单位出发，从微观层面分析。二者对于城市形象的建构分析涵盖多个方面。本文主要以《人民日报》和《北京日报》中有关 2019 年京交会报道的内容为语料，从话语分析的视角出发，分析其中使用的话语策略及其对城市形象的建构作用。

三 研究方法

语篇历史研究方法是 Wodak 等人在对奥地利社会中存在的种族歧视现象进行分析的过程中发展出来的研究方法。作为批评话语分析的主要流派，语篇历史研究方法认为话语分析应从三个维度展开：语篇的主题、语篇的话语策略，以及语篇实现主题和话语策略的语言手段。② 其中，话语策略的分析尤为重要。"策略"是指为了达到特殊的社会、政治、心理或语言目的而进行的有计划和有意图的社会实践。③ "话语策略"是语言系统的具体运用方式，是指语体和文本在实际运用中的意义，④ 主要体现在语言结构组织的不同层面。在话语历史分析中，Wodak 等人提出了五种语篇策略，⑤ 分别是所指策略（又称提名策略）、谓语指示策略、论辩策略、视角化/框架化策略、强化/淡化策略。

本文以其中的话语策略分析为基础，通过对 2019 年京交会相关新闻报道的分析，研究媒体的报道对城市形象的建构作用。

---

① 周芬：《美国媒体中浙江城市形象的话语建构研究》，《浙江外国语学院学报》2016 年第5 期。

② Martin Reisigl & Ruth Wodak, "The Discourse-historical Approach (DHA)," in Ruth Wodak & Michael Meyer, eds., *Methods of Critical Discourse Analysis* (2nd Edition), Peking University Press, 2014, pp. 87–121.

③ 赵林静：《话语历史分析：视角、方法与原则》，《广东外语外贸大学学报》2009 年第3 期。

④ 田海龙：《语篇研究：范畴、视角、方法》，上海外语教育出版社，2009。

⑤ Martin Reisigl & Ruth Wodak, "The Discourse-historical Approach (DHA)," in Ruth Wodak & Michael Meyer, eds., *Methods of Critical Discourse Analysis* (2nd Edition), Peking University Press, 2014, pp. 87–121.

四 话语策略分析

语篇策略就是帮助实现目的的语言方法。① 在有关京交会的报道中，媒体运用一定的话语策略向大众阐述该会议的内涵和理念。本部分将从指称策略、述谓策略、论辩策略三个角度出发，对相关的报道进行分析，探究北京城市形象的建构。

（一）指称策略

指称策略是对成员分类的一种策略，如将一个人划为己方或者对方，以此来构建和再现社会活动者。② 指称策略往往用于选择凸显该群体或个体的某种形象，是理解其身份建构的关键。③ 分析发现，媒体话语主要通过名词对北京或者京交会这两个事物进行构建。

1. 对北京的指称

> **例 1**：北京作为<u>全国唯一的服务业扩大开放综合试点城市</u>，以及深化服务贸易创新发展试点区域，一大批创新驱动型高端服务企业，崭露头角，成为服务发展的<u>领跑者</u>。④

在对北京进行描述时，媒体用"唯一的"、"试点城市"和"领跑者"三个不同的名词短语对北京这一城市主体进行修饰，说明了北京服务业发展迅速，高端服务企业成为首都经济增长的重要动力。北京作为唯一的试点城市，多年来锐意进取，带领全国经济转型发展。

---

① 田海龙：《语篇研究：范畴、视角、方法》，上海外语教育出版社，2009。
② 田海龙：《语篇研究：范畴、视角、方法》，上海外语教育出版社，2009。
③ Martin Reisigl and Ruth Wodak, *Discourse and Discrimination*：*Rhetorics of Racism and Antisemitism*, Routledge, 2001, p. 46.
④ 《51 个协议 164 亿美元！2019 京交会"北京主题日"成果丰硕》，中国经济网，2019 年 6 月 1 日，http://expo.ce.cn/gd/201906/01/t20190601_32242473.shtml，最后访问日期：2020 年 4 月 28 日。

2. 对京交会的指称

例 2: 京交会不是中国的独唱, 而是各国的<u>大合唱</u>。①

例 3: 不少企业通过京交会走向世界, 京交会已经成为中国经济高质量发展的<u>重要载体</u>和国际服务贸易高水平合作的<u>纽带与桥梁</u>。②

例 4: 京交会是全球<u>第一个</u>专门为服务贸易搭建的国家级、国际性、综合型服务贸易交易会, 历经五届的培育, 已经成长为全球优质创新服务展示的<u>舞台</u>, 国际服务贸易政策和信息发布的<u>窗口</u>, 各国服务贸易企业对接交易的<u>平台</u>, 国际先进服务 "引进来" 和中国服务 "走出去" 的<u>重要桥梁</u>。③

媒体报道还对京交会这一主体进行了指代。"第一个""舞台""窗口""纽带与桥梁"说明了京交会的独特意义。北京作为京交会的承办城市, 不仅在城市与城市之间搭建了企业对接的桥梁, 更是国与国之间进行贸易交流的重要窗口。由此可以看出, 各大报纸在构建北京城市形象时, 着重强调了北京在经济发展和对外开放过程中发挥的桥梁作用, 塑造出一个对外交流活跃、开放程度高的城市形象。除此之外, 北京积极帮助世界各国更好地共享北京服务业的开放先机, 共享中国服务市场的发展机遇。中国不仅是经济全球化的受益者, 更是积极主动的贡献者。"大合唱"体现出北京开放包容的国际精神风貌。

(二)述谓策略

述谓策略是指为社会行为者、物体、现象、事件、过程及行动赋予

---

① 《打造高质量发展的强劲引擎》,《北京日报》2019 年 5 月 28 日, 第 1 版, http://bjrb. bjd. com. cn/html/2019-05/28/content_11886213. htm, 最后访问日期: 2020 年 4 月 28 日。
② 《风劲帆悬 百舸争流——从"京交会"看中国经济潜力和前景》, 中华人民共和国中央人民政府网站, 2019 年 6 月 2 日, http://www.gov.cn/guowuyuan/2019-06-02/content_5396925. htm, 最后访问日期: 2020 年 4 月 28 日。
③ 《打造高质量发展的强劲引擎》,《北京日报》2019 年 5 月 28 日, 第 1 版, http://bjrb. bjd. com. cn/html/2019-05/28/content_11886213. htm, 最后访问日期: 2020 年 4 月 28 日。

属性的语言方式，其语言实现形式主要包括：积极的或消极的评价性语言，明确的谓词、名词，明确的比较级、明喻、暗喻等其他修辞手法。[①]这一策略的运用，可以看出语篇对社会活动者的态度，通过谓语成分的修饰语看出对社会活动者是正面的赞扬还是负面的贬低。[②] 在有关京交会的报道中，话语生产者使用大量积极的谓语成分来构建北京城市形象。

例5：北京作为京交会的举办城市，已经启动了新一轮服务业扩大开放，正努力搭建更多合作发展平台，激发各类市场主体的活力，同时深入推进供给侧结构性改革，加快培育金融、科技、信息、文化创意、商务服务等现代服务业，推动服务业高质量发展。[③]

在提到北京所采取的具体行动时，语篇多采用诸如"努力搭建""激发""深入推进""加快培育"等正面评价性词语。根据韩礼德的及物性理论，物质过程表示做某事的过程。[④] 物质过程在新闻语篇中占了大量篇幅，赋予了北京市人民政府积极正面的形象。北京市积极行动、多措并举，让越来越多高质高效的服务走出国门，不断拉引领全球服务贸易的发展，为世界各国人民提供更多的机会。这就构建了北京市政府办事效率高、勇于担当、乐于奉献的形象。

（三）论辩策略

论辩策略是演讲者在证明或者质疑某些声明的真实性和正确性时所采取的一些逻辑推理方法。[⑤] 语篇历史研究方法运用的论辩策略包括以

---

① Martin Reisigl & Ruth Wodak, "The Discourse-historical Approach（DHA），" in Ruth Wodak & Michael Meyer, eds., *Methods of Critical Discourse Analysis*（2nd Edition），Peking University Press, 2014, pp. 87-121.

② 田海龙：《语篇研究：范畴、视角、方法》，上海外语教育出版社，2009。

③ 《打造高质量发展的强劲引擎》，《北京日报》2019年5月28日，第1版，http：//bjrb.bjd. com.cn/html/2019-05/28/content_11886213.htm，最后访问日期：2020年4月28日。

④ Geoff Thompson, *Introducing Functional Grammar*, Foreign Language Teaching and Research Press, 2008, p. 90.

⑤ 赵芃：《学雷锋活动中的修辞——基于批评话语分析的论辩策略研究》，《当代修辞学》2015年第4期。

下论辩题目：有用/有利，无用/无利，定义，危险或威胁，羞辱，公正，责任，累赘，财务，事实，数字，法律和权利，历史，文化，滥用。对这些题目进行分析，可以证实文本中的正面和负面的描述。[①] 以下主要从有用、事实和数字三个论题对报道进行分析。

1. 有用

有用策略是指如果该行为能够给人们带来好处，那么人们就应该执行它。[②]

> **例 6：**京交会不仅有利于推动中国现代服务业发展，提升服务产业链水平，其他国家也可以通过京交会这个平台和桥梁分享经验、寻找机会、谋求合作，从而对世界服务贸易发展起到重要的引领作用。[③]

在例 6 中，话语生产者主要对京交会致力于自己国家和整个世界的发展两个方面进行了论证。"推动中国现代服务业发展""对世界服务贸易发展起到重要的引领作用"，这些都得益于北京自身产业结构的优化调整以及北京市各区不断吸引外商投资，从而引领中国经济结构转型升级乃至世界贸易发展，彰显北京营商环境好，同时主动融入世界经济的发展，广泛开展国际合作的形象。

2. 事实

以事实为论题的策略是指：因为事实就是这样，因此更应该采取一定的决定或行动。[④] 各媒体立足社会发展所面临的新局势，做出诸如以下以"事实"为论题的推断：

---

① 田海龙：《语篇研究：范畴、视角、方法》，上海外语教育出版社，2009。
② Ruth Wodak, "The Discourse-historical Approach," in Tian Hailong and Zhao Peng, eds., *Critical Discourse Analysis: Essential Reading*, Nankai University Press, 2012, pp. 226–262.
③ 《风劲帆悬 百舸争流——从"京交会"看中国经济潜力和前景》，中华人民共和国中央人民政府网站，2019 年 6 月 2 日，http://www.gov.cn/guowuyuan/2019-06/02/content_5396925.htm，最后访问日期：2020 年 4 月 28 日。
④ Ruth Wodak, "The Discourse-historical Approach," in Tian Hailong and Zhao Peng, eds., *Critical Discourse Analysis: Essential Reading*, Nankai University Press, 2012, pp. 226–262.

例 7：全球经济和产业格局正在发生深刻变化，制造业服务化、服务数字化的步伐不断加快，服务在全球价值链中的地位越来越突出，全球服务贸易正在迎来重要的机遇期。①

例 8：当前，世界各国都在加快调整产业结构，引领经济转型发展。服务贸易因其灵活、创新、开放的特点，日益成为世界经济增长的新引擎、国际贸易发展的新动力。②

例 9：把服务业打造成高质量发展强劲引擎，不能靠单打独斗，而必须在开放、合作、共享中才能实现。③

正如例 7、例 8、例 9 所言，我们已经进入了服务经济时代，开放合作的重要性也日益凸显。面对这样的情况，北京积极顺应世界发展的潮流，为全球政商界人士的交流提供京交会这一平台，充分体现了北京主动服务于国家经济发展和外交任务，活跃于世界经济舞台的负责任的大都市形象。

3. 数字

以数字为论题的惯用语句是指如果该语句中的数字能够证明具体行为，那么该行为就应该被执行或禁止。④ 在新闻报道中，话语生产者采用大量的数字介绍了北京以及整个京交会的发展成就和贡献。

例 10：137 个境外国家和地区、21 个国际组织参展参会；成立全球服务贸易展望委员会；会议期间累计意向签约额达 1050.6

---

① 《京交会 打开服务贸易新空间》，《人民日报》2019 年 5 月 30 日，第 6 版，http：//paper. people. com. cn/rmrb/html/2019-05/30/nw. D110000renmrb_20190530_1-06. htm，最后访问日期：2020 年 4 月 28 日。

② 《打造高质量发展的强劲引擎》，《北京日报》2019 年 5 月 28 日，第 1 版，http：//bjrb. bjd. com. cn/html/2019-05/28/content_11886213. htm，最后访问日期：2020 年 4 月 28 日。

③ 《京交会 打开服务贸易新空间》，《人民日报》2019 年 5 月 30 日，第 6 版，http：//paper. people. com. cn/rmrb/html/2019-05/30/nw. D110000renmrb_20190530_1-06. htm，最后访问日期：2020 年 4 月 28 日。

④ Ruth Wodak, " The Discourse-historical Approach," in Tian Hailong and Zhao Peng, eds., *Critical Discourse Analysis：Essential Reading*, Nankai University Press, 2012, pp. 226-262.

亿美元……①

例11：作为全国第一家服务业扩大开放综合试点城市，北京服务业占 GDP 的比重目前已经超过 82%，北京的服务贸易突破了 1 万亿人民币，连续几年增长在 10% 以上。②

例12：在名为"未来已来"的"中关村 AI 空间站"展区，73 家 AI 企业带来近 100 项新技术，让人们提前领略人工智能的魅力。③

例13：伴随我市文化产业的发展壮大，北京已培育了一批较有实力的外向型企业。2017 至 2018 年度《国家文化出口重点企业（项目）目录》中，北京市有 69 家企业、36 个项目入选，数量均居全国省市首位。④

例14：会议期间，来自北京服务领域以及国内外的服务贸易企业，通过两轮签约，签订合作项目协议 51 个，协议成交额 164.01 亿美元。其中，金融服务、商务服务、健康服务、文化与体育服务等新兴领域项目 43 个、签约金额 82.99 亿美元，分别占签约项目总数的 84.3%、签约金额的 50.6%。⑤

在上述例子中，这些具体化的数据直观地展示出北京的城市形象。首先，在国际合作方面，"137 个境外国家和地区""21 个国际组织"

① 《风劲帆悬 百舸争流——从"京交会"看中国经济潜力和前景》，中华人民共和国中央人民政府网站，2019 年 6 月 2 日，http：//www.gov.cn/guowuyuan/2019 - 06/02/content_5396925.htm，最后访问日期：2020 年 4 月 28 日。

② 《51 个协议 164 亿美元！2019 京交会"北京主题日"成果丰硕》，中国经济网，2019 年 6 月 1 日，http：//expo.ce.cn/gd/201906/01/t20190601_32242473.shtml，最后访问日期：2020 年 4 月 28 日。

③ 《京交会 打开服务贸易新空间》，《人民日报》2019 年 5 月 30 日，第 6 版，http：//paper.people.com.cn/rmrb/html/2019-05/30/nw.D110000renmrb_20190530_1-06.htm，最后访问日期：2020 年 4 月 28 日。

④ 《京交会国际文化贸易发展论坛举办》，新华网，2019 年 5 月 30 日，http：//www.bj.xinhuanet.com/bjyw/2019-05/30/c_1124599725.htm，最后访问日期：2020 年 4 月 28 日。

⑤ 《京交会 打开服务贸易新空间》，《人民日报》2019 年 5 月 30 日，第 6 版，http：//paper.people.com.cn/rmrb/html/2019-05/30/nw.D110000renmrb_20190530_1-06.htm，最后访问日期：2020 年 4 月 28 日。

"签约额达 1050.6 亿美元"说明京交会取得重要进展，北京积极主动帮助其他国家，谋求合作共赢，致力于国家和整个世界的发展。其次，在服务业发展方面，"超过 82%""突破了 1 万亿人民币""增长在 10%以上"展示了北京稳固的经济地位和强大的经济实力，尤其是不断开放发展的服务业体系。因此，北京有信心有能力为参会各国提供良好的发展平台。除此之外，"73 家 AI 企业""近 100 项新技术""新兴领域项目 43 个""签约金额 82.99 亿美元"彰显出一个创新活力强、新科技蓬勃发展的城市形象。总之，新闻语篇通过真实精确的具体数据，对北京当前取得的成绩和贡献进行描述，使得整个语篇更为直观生动且具有说服力。

五　北京国际交往中心建设的对策和建议

Fairclough 和 Wodak 指出，话语和社会文化之间存在辩证关系，话语生产是对一定的社会现实的反映；反过来，话语又能参与社会现实的构建。[①] 通过上述分析可知，新闻报道所阐述的话语是京交会这一社会实践的反映；同时，媒体利用各种话语策略对语篇进行加工，以新闻话语的形式再现社会事实并进行传播，影响着人们对京交会乃至北京城市形象的认知。因此，话语策略的运用对城市形象的建构起到重要作用。本部分将从宏观和微观角度出发，结合京交会的话语传播策略和传播路径，为北京塑造更好的城市形象、加强国际交往中心建设提出几点对策和建议。

（一）宏观上，主动为国家对外交往服务

1. 以政府顶层设计为引导，打造多元话语传播主体

在当前践行"人类命运共同体"的外交理念背景下，北京举办了主题为"开放、创新、智慧、融合"的京交会，紧紧把握国家发展的新理念和新趋势。在京交会的举办过程中，政府、企业、媒体等积极参

---

① Norman Fairclough and R. Wodak, "Critical Discourse Analysis," in Tian Hailong and Zhao Peng, eds., *Critical Discourse Analysis: Essential Readings*, Nankai University Press, 2012, pp. 33-35.

与，共同助力北京城市形象的传播和塑造。首先，北京市政府积极承办京交会，把加快自身发展和服务国家大局结合起来，主动为国家对外交往提供服务。京交会突出国际化，积极邀请共建"一带一路"国家和地区参与，共商共享中国的发展机遇，致力于推动中国服务"走出去"。其次，媒体为北京城市形象的传播搭建了一个良好的平台。除此之外，个体在北京城市形象的传播中同样发挥着重要作用。如在京交会的故宫论坛上，多位专家学者聆听唐三彩与雕版印刷的故事，现场体验北京绢人制作；众多展商通过高端技术打造家居运动，让市民在家中动起来，健康生活等，京交会让更多的人切身感受到了真实的北京城市形象。

因此，对于北京国际交往中心话语建设来说，在积极塑造城市形象的同时，建立和打造多主体的传播路径，实现自我传播和他者传播的结合。首先，政府要在国家方针理念的指导下，积极主动地参与国际合作的建设进程。积极主动承办各种国际会议，将国家理念渗透到各种论坛、会议等多种外交场合。同时，加快服务设施建设，诸如良好的环境、专业的复合型人才队伍、便利的技术水平等，为国际资源的聚集提供良好服务环境。其次，国际交往中心话语建设要注重发挥非政府组织的作用。政府要积极引导各种学术组织、社会民间组织等多种社会力量参与国际交往中心的建设进程，鼓励和支持丰富多样的民间文化交流，推动北京国际交往中心建设向更高水平、更深层次发展。

2. 依托媒体平台，打造多元话语建构渠道

在京交会这一活动的传播过程中，传统媒体和新媒体合力，为城市形象的话语传播和构建提供了一个多元化的平台。媒体在各个新闻网站及时更新京交会相关报道。报道议题涵盖进程、影响等多个方面；报道措辞都是积极正面的肯定和赞扬，为京交会的顺利开展营造了良好的舆论环境。与此同时，京交会官网和官方微博还发布《碰词儿》《一分钟带你了解京交会》等短视频对京交会进行介绍。此次京交会采取一个主会场和10个分会场的展示模式，各个分会场以不同的主题全方位展示了北京的建设成果。这些元素综合起来，从整体上让参会人员感受到

了北京的魅力，促进了城市形象的广泛传播。由此可见，传统媒体和新媒体的融合，能更好地塑造北京城市形象。

对于北京国际交往中心话语建设来说，要将传统媒体和新媒体进行有机融合，打造一个包括新闻、短视频、宣传片等多种形态的多元化、立体化的信息传播平台。从信息发布的角度来看，在对具体外交事件进行宣传时，要推动人工智能、大数据、新媒体平台和传统媒体融合，建构多层次、宽领域、跨平台的立体传播的话语体系，同时要打造人民日报社、中国日报社等拥有全球网络布局的融合式的国际传播机构，[①] 从整体上建立一个权威性的国际传播话语体系。从信息接收的角度来看，要注重传播的双向互动性。在话语传播和国际交往的过程中，不仅要注重不同国家不同城市受众群体的信息需求，以当地公众喜好的方式有针对性地进行传播，提高信息的传播效率，同时更要考虑受众的信息反馈。北京国际交往中心建设要以大数据为支撑，打造互动反馈平台，提供数据和决策支撑。

（二）微观上，改进话语策略，创新话语表达

在北京国际交往中心话语建设过程中，要注重对外传播的话语方式。

首先，在话语传播的内容上，要融合官方话语和民间话语。政府要深入了解民意，以受众的体验和感受展开叙事，提高话语传播的真实性和感染力。其次，在话语传播的表述方式上，要立足本地文化特色，讲好北京故事。多利用"文化"论题，引经据典，不仅要将中国传统文化和现代文明故事相结合，也要融入国际话语的表达方式，为北京国际交往中心话语建设注入有意义、有价值的文化元素，增强话语传播的客观性和可读性。此外，要创新话语传播的形式。2018 年以来，政务短视频发展迅速，很多政府部门进驻各大短视频平台，通过抖音、快手等传播政府信息、提供互动服务、塑造政府形象。[②] 如以第一人称的叙事

---

① 罗先勇：《构建新时代国际传播话语体系的路径选择》，《对外传播》2019 年第 2 期。
② 邵泽宇、谭天：《2018 年政务短视频的发展、问题与建议》，《新闻爱好者》2018 年第 12 期。

方式发布 vlog，深受年轻群众的喜爱，增强了新闻的社会影响力。北京要积极探索新的传播形式，多从第一视角出发，以受众群体喜闻乐见的方式为时事传播注入新的活力。

六　结语

本文以语篇历史分析法中的语篇策略为基础，从指称策略、述谓策略、论辩策略三个方面切入，分析了京交会相关报道所构建的北京城市形象，同时结合京交会的话语策略和传播路径，为北京国际交往中心话语建设提出了几点意见和建议。

研究发现，媒体通过话语策略的运用，构建了北京的多重城市话语形象，即营商环境好、开放程度高、创新活力强的大都市形象，政府办事效率高、乐于奉献、高度负责的实践者形象，积极开展国际合作、主动融入世界舞台的服务者形象。这些形象贯穿新闻话语的始终，并通过京交会这一平台传递给各个国家和城市，推进了新时期北京城市形象话语乃至整个中国国家形象话语的建构。面对当前经济发展的新形势和国内发展的新要求，北京国际交往中心建设更需要与时俱进，2019 年京交会的顺利开展为其建设提供了借鉴和经验，要发挥北京的核心辐射作用。从宏观角度来看，北京要打造多元化的信息传播主体，拓宽多种建构渠道。积极主动承办各种外交活动，加强互动和交流。从微观角度来看，要积极运用各种话语策略，为推进国际交往中心话语建设提供强有力的理论支撑。

北京国际交往中心建设是一项复杂的工程，相信北京能够更好地发挥国际交往中心的作用，不断提升自身品质，从而取得新突破，迈入新阶段。

从国际城市媒体北京论坛媒体报道
看国际交往中心话语传播

王　磊　田凯旋*

一　引言

北京是中华人民共和国的首都，以悠久的历史、灿烂的文化著称于世。独特的地理环境，汇集融合了多民族的文化，逐步确立了政治中心、文化中心、国际交往中心和科技创新中心的地位。北京是中国与其他国家之间沟通和交往的重要城市，积淀了深厚的历史文化底蕴。2017年，中央批复的北京新版城市总体规划正式确认了北京"四个中心"的城市战略定位，并对北京国际交往中心建设提出了明确要求。[①] 2018年11月，北京国际交往中心建设专家智库启动会上，各位专家学者针对具体建设任务进行了研讨，指出了北京国际交往中心建设的导向，明确了主要建设内容和目标。北京国际交往中心建设要以促进中外交流交往为导向，在交往中展现中国魅力，凸显北京优势和特色，进一步塑造世界格局，构建面向全球的全方位、多层次、立体化的国际交往新格局。

国际城市媒体北京论坛于 2019 年 12 月 13 日在北京举行，来自巴

* 王磊，北京第二外国语学院教授，研究方向为话语分析；田凯旋，北京第二外国语学院 2019 级硕士研究生，研究方向为话语分析。

① 《北京国际交往中心建设研讨会在京举行》，新浪网，http：//k.sina.com.cn/article_3215951873bfaf880102000ayj9.html，最后访问日期：2020 年 4 月 17 日。

西、古巴、埃塞俄比亚、伊朗、日本、老挝、尼泊尔、巴基斯坦、俄罗斯、土耳其、乌克兰、越南等 12 个国家的媒体、14 位高管和核心记者共聚北京，与我国的专家学者围绕"互通互鉴 合作共赢"主题，展开交流对话。① 此次论坛是北京在国际交往中心建设中重要的对外交流事件，依托本次论坛展开的国际城市媒体北京论坛暨北京行活动，旨在促进中外媒体深度交流，展示北京作为国际交往中心的城市形象，提升城市的国际影响力。

二 相关文献研究

2017 年 9 月，党中央批复的《北京城市总体规划（2016 年—2035 年）》回答了要建设什么样的国际交往中心这一重要问题，即"国际交往中心建设就是要服务国家开放大局，建设具有全球影响力的大国首都，未来重大外交外事活动区、国际会议会展区、国际体育文化交流区、国际交通枢纽等九类高端大气国际化的场所，成为向世界展示我国改革开放和现代化建设成就的重要窗口"。② 根据这一规划目标和建设要求，刘波指出了北京国际交往中心建设过程中需要面对的外部环境复杂、城市空间功能格局有待优化、硬件环境有待提高等具体问题，并提出了相关对策建议；③ 周鑫宇主要对比阐述了北京国际交往中心建设的历史维度和现实内涵；④ 张丽从服务北京国际中心建设的战略需求角度，提出充分发挥高等教育功能，培养国际交往人才的有效路径；⑤ 王

---

① 《"互通互鉴 合作共赢"国际城市媒体北京论坛成功举办》，搜狐网，2019 年 12 月 14 日，https://www.sohu.com/a/360408357_108794，最后访问日期：2020 年 4 月 27 日。
② 《未来北京 style？北京"四个中心"战略定位了解一下！》，百家号，2018 年 9 月 15 日，https://baijiahao.baidu.com/s？id=1611660921930085950，最后访问日期：2020 年 4 月 27 日。
③ 刘波：《国际交往中心与"一带一路"倡议协同发展的战略措施》，《前线》2018 年第 3 期，第 79~81 页。
④ 周鑫宇：《国际交往中心建设的新内涵》，《前线》2018 年第 9 期，第 74~75 页。
⑤ 张丽：《公共外交视角下体育赛事推动北京国际交往功能提升研究》，《沈阳体育学院学报》2019 年第 3 期，第 22~82 页。

琦提出了在国际交往中心建设背景下，北京旅游咨询体系建设的具体策略；[①] 王义桅和刘雪君联系全球化背景下的"一带一路"倡议，阐述了北京的国际化进程，并从政治、经济、人文等角度为北京国际交往中心建设提出建议。[②] 通过以上阐述，可以看出关于"北京国际交往中心建设"的研究，基本上是从国内视角出发，分析北京国际交往中心建设过程中的问题并提出建议，因此，本文将尝试从跨文化交流角度，基于对国际城市媒体北京论坛报道，分析北京国际交往中心建设的话语传播理念及作用，尝试从中总结对北京国际交往中心建设的启示。

三 北京国际交往中心建设话语传播

本文选取《北京日报》等多家媒体关于 2019 年国际城市媒体北京论坛的报道，旨在探究分析北京国际交往中心建设的话语传播。通过对语料的分析总结，可以看到北京国际交往中心建设话语传播以具体理念为指导，这些理念蕴含中国传统文化基因，体现的是中国"和合文化"的价值精髓和思想内涵，以及追求天下和谐的理念，主要可以从以下几个方面进行阐释。

（一）以"以和为贵"人际关系观为指导的话语

根据霍夫斯泰德关于文化维度的划分，中国的集体主义价值取向强调以集体的利益为重，减少或避免冲突，兼顾大局，注重和谐和睦。不同于西方的个人主义价值取向，集体主义文化群体中的人际关系十分重要，只有众人协力合作，个人才能在集体中完善自我。自古以来，中国传统文化就强调"以和为贵"，人与人之间的和气是社会稳定、国家繁荣的基础。中国俗语、谚语"和气生财""家和万事兴""和而后兴、和而后顺""天时不如地利，地利不如人和"等，都是对和谐人际关系高度重视的体现，因此中国传统思想认为，将"和"运用于人际交流

---

① 王琦：《试论国际交往中心建设背景下北京旅游咨询体系的构建》，《时代经贸》2018 年第 31 期，第 21~28 页。

② 王义桅、刘雪君：《"一带一路"与北京国际交往中心建设》，《前线》2019 年第 2 期，第 39~42 页。

中，用宽厚的态度待人，能够赢得他人的信任。而中国在对外交往中就一直强调和平的重要性及国与国之间的和谐相处，例如：

> 例1：北京论坛是致力于促进城市媒体合作发展的平台。我们秉持互信、平等、尊重、协商、共赢的理念，推动媒体之间建立长久合作的伙伴关系。①

> 例2：第四，聚焦和平与发展，推动构建人类命运共同体。国际社会日益成为一个你中有我、我中有你的"命运共同体"，面对世界经济的复杂形势和全球性问题，任何国家都不能独善其身。我们愿与各国媒体一道，支持文明交流互鉴，反对文明冲突谬论，推进各种文明各美其美、美美与共。②

> 例3：我们愿与各国媒体一道，传播和谐共处的正能量，奏响和平发展的主旋律，推动建设持久和平、共同繁荣的世界。我们愿与各国媒体一道，传播共商、共赢、共享理念，持续扩大构建人类命运共同体的共识基础，让和平的薪火代代相传，让发展的动力源源不断。③

以上例子均说明北京国际交往中心建设话语传播对"和平""和谐""和气"的强调，塑造了宽容友好、真诚亲切的城市媒体形象，从而对国家形象和北京城市形象的塑造产生推动作用。

（二）以"天人合一，自然和谐"可持续发展观为指导的话语

中国关于人与自然关系强调"天人合一，人与自然和谐相处"。《易经》中"夫大人者，与天地合其德，与日月合其明，与四时合其

---

① 《"互通互鉴 合作共赢"国际城市媒体北京论坛成功举办》，搜狐网，2019年12月14日，https://www.sohu.com/a/360408357_108794，最后访问日期：2020年4月27日。
② 《人文北京："互通互鉴 合作共赢"国际城市媒体北京论坛成功举办》，"北京新闻采访"微信公众号，2019年12月26日，https://mp.weixin.qq.com/s/MxflJbnQrmwOtwIDWvufKA，最后访问日期：2020年4月27日。
③ 《"互通互鉴 合作共赢"国际城市媒体北京论坛成功举办》，搜狐网，2019年12月14日，https://www.sohu.com/a/360408357_108794，最后访问日期：2020年4月27日。

序，与鬼神合其凶。"就是中国传统哲学中对人与自然关系的最早阐述，认为人与自然应该有机统一，只有遵循自然发展规律，才能够改造和利用自然，实现两者的共同发展。同时体现出中国人看待世界的综合观，即天下万物都是一个整体，各部分息息相关，无法完全割裂。因此，世界是一个整体，人类应该着眼于世界的未来，贯彻可持续发展理念，合力推动各个领域的进步与发展。

例4：国际社会日益成为一个你中有我、我中有你的"命运共同体"，面对世界经济的复杂形势和全球性问题，任何国家都不能独善其身。①

例5：第三，着眼共建共享，共创城市美好未来。②

例6：在历史前进的逻辑中前进、在时代发展的潮流中发展，国际城市媒体合作之路必将越走越宽广。③

例4强调了世界的整体性和不可分割性，各国命运息息相关；例5和例6指出了国际城市的目标和发展方向，即顺应历史逻辑和时代潮流，创造城市的美好未来、世界的美好未来，而实现目标需要各国加强合作，顺应历史发展规律，创造社会价值，实现可持续发展。

1. 以"和而不同，求同存异"文化观为指导的话语

中国传统宇宙观虽然将世界看作一个不可分割的整体，但承认并尊重不同文明间的差异与不同，倡导以平等对话、交流互鉴的方式，实现不同文明的共同发展。自古以来，中国就高度重视不同文明间的交流与借鉴，张骞通西域、玄奘西游、鉴真东渡、郑和下西洋等都是中华民族

---

① 《国际城市媒体北京论坛举行》，新浪网，2019年12月14日，https：//news.sina.com.cn/o/2019-12-14/doc-iihnzhfz5743361.shtml，最后访问日期：2020年4月27日。
② 《人文北京："互通互鉴 合作共赢"国际城市媒体北京论坛成功举办》，"北京新闻采访"微信公众号，2019年12月26日，https：//mp.weixin.qq.com/s/MxflJbnQrmwOtwIDWvufKA，最后访问日期：2020年4月27日。
③ 《"互通互鉴 合作共赢"国际城市媒体北京论坛成功举办》，搜狐网，2019年12月14日，https：//www.sohu.com/a/360408357_108794，最后访问日期：2020年4月27日。

以开放包容的心态增进与周边国家文化交流的历史典例。因此，中国倡导的是一种多元性的、差异中共生的文明格局，在北京国际交往中心建设中，我们也强调包容彼此的差异，以开放的心态展开交流，例如：

> **例 7**：北京是拥有丰厚历史文化底蕴的著名古都，也是一座开放包容的现代化国际都市。作为负责任大国的首都，北京与世界共呼吸，与时代同脉搏，海纳百川、兼收并蓄……①
>
> **例 8**：来自世界各地的人们，虽然国籍不同、肤色不同、语言不同、习俗不同，但对于真善美的追求是相通的。②
>
> **例 9**：世界各地区各民族的文化如群星璀璨，面对不同文化，我们应当因地制宜。③

例 7 至例 9 是报道中引用北京市委常委、宣传部部长杜飞进主旨演讲中的内容，这些举例既倡导各国在国际交往中秉持包容心态与开放精神，也是在塑造北京开放包容的现代化国际都市形象。历史证明，世界文明璀璨如星，各国只有求同存异，相互学习借鉴，才能实现共同发展。

2. 以"重义轻利"道德观为指导的话语

《孟子·尽心上》中"穷则独善其身，达则兼济天下"传递的不仅是中华民族对个人品德的要求，也是国家践行的道德观。改革开放以来，中国经济快速发展，综合实力显著增强，中国在发展自身的同时以更加积极的姿态承担国际责任，提出了"一带一路"倡议，通过推动南南合作、成立亚投行等举措积极帮助其他发展中国家发展。中华文化推崇"重义轻利""以义为先""舍生取义"的精神。"达则兼济天下"

---

① 《"互通互鉴 合作共赢"国际城市媒体北京论坛成功举办》，搜狐网，2019 年 12 月 14 日，https：//www.sohu.com/a/360408357_108794，最后访问日期：2020 年 4 月 27 日。
② 《"互通互鉴 合作共赢"国际城市媒体北京论坛成功举办》，搜狐网，2019 年 12 月 14 日，https：//www.sohu.com/a/360408357_108794，最后访问日期：2020 年 4 月 27 日。
③ 《"互通互鉴 合作共赢"国际城市媒体北京论坛成功举办》，搜狐网，2019 年 12 月 14 日，https：//www.sohu.com/a/360408357_108794，最后访问日期：2020 年 4 月 27 日。

与"重义轻利"的高尚情操是中国在对外交往过程中的价值基础和道义导航，在北京国际交往中心建设的话语传播中，我们也在向外传递着中国"重义务轻利益""重责任轻利益""重仁义轻利益"的形象。

> **例 10**：积极承担交流使者、发展参与者之责任，发挥媒体之担当，不断凝聚共识，以开放的姿态携手共促国际城市间友好往来。①
>
> **例 11**：习近平主席深刻指出，和平与发展是当今时代的主题，也是时代的命题，需要国际社会以团结、智慧、勇气，扛起历史责任。②
>
> **例 12**：作为负责任大国的首都，北京与世界共呼吸，与时代同脉搏，海纳百川、兼收并蓄，在走向世界中融入世界，在对话世界中影响世界……③

例 10、例 11、例 12 表现出中国对承担国际责任的重视，具体引申到城市的责任、媒体的担当，是对国际城市媒体和北京媒体提出的共同倡导与要求，也是对北京作为中国首都、国际交往中心的形象塑造。北京要发挥促进文明互鉴、加强各国合作的桥梁作用，承担起国际交往中心的责任，促进国际城市持久友好。

综上，基于国际城市媒体北京论坛的报道，可以看出北京国际交往中心话语建设强调的理念首先是"以和为贵"，在国际交往中，各国之间要和谐相处；其次是"天人合一"的可持续发展观念，既强调世界整体性也强调国家发展要遵循自然规律和历史潮流，各国要加强合作，谋求共同发展；再次是"和而不同，求同存异"，北京作为首都型国际

---

① 《北京国际交往中心建设研讨会在京举行》，新浪网，http://k.sina.com.cn/article_3215951873bfaf880102000ayj9.htMl，最后访问日期：2020 年 4 月 17 日。
② 《"互通互鉴 合作共赢"国际城市媒体北京论坛成功举办》，搜狐网，2019 年 12 月 14 日，https://www.sohu.com/a/360408357_108794，最后访问日期：2020 年 4 月 27 日。
③ 《"互通互鉴 合作共赢"国际城市媒体北京论坛成功举办》，搜狐网，2019 年 12 月 14 日，https://www.sohu.com/a/360408357_108794，最后访问日期：2020 年 4 月 27 日。

交往城市，具有开放精神与包容心态才能发挥好其作为不同文明间交流对话的平台作用；最后是"重义轻利"，强调责任、义务和担当，作为负责任大国的首都，北京要承担好作为国际交往中心的责任。

四 对北京国际交往中心话语建设的启示

本文通过分析对国际城市媒体北京论坛的相关报道，探究了北京国际交往中心话语传播所强调的理念，可以看出对外交流活动在北京城市形象塑造及国际交往中心话语建设中的重要作用，基于国际城市媒体北京论坛暨北京行活动的启示，对北京国际交往中心话语建设提出以下建议。

第一，北京国际交往中心话语建设，应该注重世界各国的人文交流话语。"关乎人文，以化成天下"，人文交流是各国合作的理解基础和情感纽带。中国作为四大文明古国之一，具有深厚的历史文化积淀。自古代以来，中国就频繁地与世界各国进行文化交流，如张骞出使西域、玄奘西行、鉴真东渡、郑和下西洋、晚清派遣留学生等都是具有重大意义的人文交流事例。① 从历史的角度来看，以上对外交流的著名史例说明人文交流话语对传播独特的地域文化、展现民族精神，从而增进世界各国相互理解和相互融通等都有着重要的推动作用。从现代中国的角度来看，如今，中国高度重视对外交流，并且形成了一系列以国家领导人对外文化交流思想理论为主导的方针政策话语，对外交流活动日益增多并取得了重大成就。对于北京国际交往中心话语建设来说，丰富的对外交流活动是传播中国传统文化理念、构建国家形象以及提升国家文化软实力和国际影响力的有效路径；同时，文化交流活动又是彰显城市优势、展示城市魅力、推动城市建设的重要契机。

第二，北京国际交往中心话语建设应与积极承办国际会议、国际赛事、国际论坛，承担国际责任互相促进。北京是中国与各国进行国际交

---

① 钱林林：《让中国文化播种生根——关于对外文化交流活动的一些思考》，《戏剧之家》2017年第10期，第260~262页。

往的重要联结点，承办过众多重大国际体育赛事、国际戏剧文化节、国际文艺汇演等活动，具有丰富的经验，同时是众多外国文化交流与研究中心的所在地。北京应该充分把握这一优势，积极参与承办国际性活动，在承担责任、展现担当的同时，以此为契机传播城市文化，打造城市品牌，塑造国际城市形象，提升城市的国际影响力，提升北京国际交往中心话语建设。而北京国际交往中心话语影响力的提升，也将有利于北京作为国际交往中心的影响力的提高。

第三，强化具有跨文化能力的人才队伍培养储备。北京国际交往中心建设需要大量的硬性与软性资源做支撑，而人才资源是必不可缺的。培养能够适应全球化发展，有国际意识、国际交往和国际竞争能力的人才是国际交往中心建设的重要指标，也是北京国际交往中心话语建设成功的关键。一方面，北京集聚众多全国知名高校，拥有培养现代化、国际化人才的潜力与优势；另一方面，北京是众多跨国公司、文化交流机构的所在地，能够为人才培养提供实习平台和参与国际交流活动的机会。

第四，拓宽宣传渠道，寻求多元表达，讲好北京故事。要利用好媒体和互联网等传播媒介，促进中外媒体信息共享和交流合作。媒体在增进世界各国互相了解、促进世界人民相互交流方面有着重要作用，是外国民众了解我国的一扇重要窗口。因此，这就要求我们积极寻求多媒体形式，从多视角宣传北京文化，传播城市形象，促进世界对北京的认识。

图书在版编目（CIP）数据

北京国际交往中心话语建设研究／王磊主编. -- 北
京：社会科学文献出版社，2020.9
　（北京国际交往中心建设研究丛书）
　ISBN 978-7-5201-7285-1

Ⅰ.①北…　Ⅱ.①王…　Ⅲ.①国际交流-研究-北京
Ⅳ.①D827.1

中国版本图书馆 CIP 数据核字（2020）第 175070 号

北京国际交往中心建设研究丛书
北京国际交往中心话语建设研究

主　　编／王　磊

出 版 人／谢寿光
责任编辑／张　萍
文稿编辑／徐　花

出　　版／社会科学文献出版社·当代世界出版分社 （010）59367004
　　　　　地址：北京市北三环中路甲 29 号院华龙大厦　邮编：100029
　　　　　网址：www.ssap.com.cn
发　　行／市场营销中心 （010）59367081　59367083
印　　装／三河市尚艺印装有限公司

规　　格／开　本：787mm × 1092mm　1/16
　　　　　印　张：10.25　字　数：149 千字
版　　次／2020 年 9 月第 1 版　2020 年 9 月第 1 次印刷
书　　号／ISBN 978-7-5201-7285-1
定　　价／98.00 元

本书如有印装质量问题，请与读者服务中心 （010-59367028）联系